Colección de Anécdotas

Anécdotas Amoroso Sexuales de un Bohemio Despistado

Antonio de Pórcel
Flores Jaimes Freyre

**Dedicada a:
La Mujer**

Auto-Biografía de un Bohemio Despistado
Colección 07 Anécdotas: 46 a 53
Volumen 05 Capítulos 39-46 Compendio 04
Tomos 04 Anécdotas 44-51

Fresno - California U.S.A

Antonio de Pórcel Flores Jaimes Freyre

Copyright

Noticia de Protección de Derechos de Autor

Este libro y su contenido completo están protegidos por las leyes de protección de escritores, autores y de ideas publicadas de acuerdo con las leyes de derechos de autor vigentes en cualquier país del mundo. Por las leyes de Copyright de los Estados Unidos de América y de todos los países de la Unión de Derechos de Autor.

Ninguna parte de este libro puede ser reproducida en ninguna forma o en ningún medio.

Todos los derechos reservados incluyendo, pero no limitados a: conferencias, lecturas públicas, transmisiones radiales o televisadas, reproducciones electrónicas en CDs y/o DVDs, discos duros de computadoras; traducciones a otros lenguajes son estrictamente reservados por el autor.

Producciones y puestas en escena de esta obra, ya sean profesionales o amateur, sin el permiso escrito por el autor están completamente prohibidas. Todos los derechos de autor con referencia a producciones cinematográficas, videos, actuaciones privadas o públicas requieren el permiso escrito del autor.

Preguntas y/o referencias acerca de los permisos requeridos, sin importar el medio, deben ser hechas al autor: Antonio de Pórcel Flores Jaimes Freyre, alias ToTTó: "El Bohemio Boliviano": 353 W Nees Avenue Suite Número 152, Fresno, California, 93711, USA.

Professional and amateurs are hereby warned that the material is fully protected under the Copyright Laws of the United States of America and all the other countries of the Copyright Union, is subject to royalty. All rights including, but not limited to: professional, amateur, recording, motion pictures, recitation, lecturing, public reading, radio and television broadcasting and the rights of translation into any foreign language are strictly reserved.

© Copyright © 2024
Antonio de Pórcel Flores Jaimes Freyre

ISBN: 9798324287078

La Mujer

La mujer es un misterio.
Cada una es diferente:
en diferentes maneras, tiempos,
espacios, circunstancias y ocasiones.

Cada una crea su propia magia,
con ungüentos de ilusiones y esperanzas.

La mujer es una maravilla,
un tesoro oculto en su propio inconsciente.

Para ella el Amor es todo,
vive en su mundo amoroso, a veces ilusorio,
si se quiere, pero real,
en lo más profundo de su ser y de su estar.

La mujer es ¡"Amor"!

Concebido el día en que nació.

Antonio de Pórcel Flores Jaimes Freyre

ADVERENCIA

El texto contiene explicaciones sexuales detalladas, que quizás no sean del gusto a algunos de mis lectores. Pero no tengo otra manera de explicar, sinceramente, lo que he vivido.

No quiero ni pretendo ofender a persona alguna. Si el lector no está cómodo con el texto:

POR FAVOR NO LO LEA

Colección de Anécdotas Amoroso Sexuales Anécdotas: 46 -53

Información Editorial

Colección 07 Anécdotas:46 a 53
Volumen 05: Capítulos 39-46
Compendio 04 Tomos 04 Anécdotas 44-51

Diseño de las portadas:
ToTTó "El Bohemio Boliviano"

Revisión y Edición:
Antonio de Pórcel Flores Jaimes Freyre
Prefacio: Antonio de Pórcel Flores Jaimes Freyre
Prólogo: Antonio de Pórcel Flores Jaimes Freyre

Publicado por:
Nicolás de Pórcel Linale
Fresno, California
Estados Unidos de América
Primera Edición: 2024

**Editorial:
"Tres Baturros
En Un Burro"**

Antonio de Pórcel Flores Jaimes Freyre

"El miedo

no permite hacer lo que una quiere.

Debes vencer tu miedo

si quieres ser realmente

feliz."

Índice Colección 07: Anécdotas 46-53
Vol 5: C39-46

Dedicatoria	09
Reconocimientos	11
Agradecimientos	13
Prefacio	15
Mis Principios de la Relación: Mujer Hombre	21
Prólogo: Descripción t Contenido	23
Anécdota 46 (V05-C39) Marirosa Emiliana Julieta -(1954) Cochabamba - Santa Cruz La Paz, Bolivia---- Mi Bella Cunumi	25
Anécdota 47 (V05-C40) Carmela y Rosi ------------------ (1978) San Bernardino, Los Ángeles y Belmont ---Profesora de Escuela	61
Anécdota 48 (V05-C41) Ángela, Gloria, Rosa, Leticia, Antonia, Fabiene, Hanna y Jazmine ----------Trabajando en Verano (1965)	75
Anécdota 49 (V05-C42) Martina, María L . ---- (1954) La Paz, Bolivia- Brasil--La Pianista Brasilera y Mi Primer Amor	105
Anécdota 50 (V05-C43) Andrea, Mercedes y Celia (1970 -1971) Stanford --------------------------------------La Hermosa Chilena	115
Anécdota 51 (V05-C44) Lucero, Edith, Anahí y Elva --- - (1956) --- La Paz - Chulumani --------------------Imitando a una Imilla	127
Anécdota 52 (V05-C45) Rosi Carmela Ingrid--(1980 -1984) California Pensacola ---------------- Sandy y la Marina	145
Anécdota 53 (V05-C46) Sandy Mandy Consuelo(1996 -1998))Los Ángeles, California ----------------La Modelo y las Olimpiadas	153
Apéndice E: ¿Cómo Hacer el Amor? Orgasmo Sexual con Amor	170
Apéndice G: Cartas de Amor a un Bohemio::	205
Acerca del Autor	223
Libros de ToTTó Publicados en Amazon	225

Antonio de Pórcel Flores Jaimes Freyre

A la Mujer

¡Quién pudiera!

Sembrar
su entrega y su ternura

¡Quién pudiera!

¡Quién pudiera!

Dedicatoria

A: La Mujer

La mujer es un misterio.

*Cada una es diferente: en diferentes maneras, tiempos,
espacios, circunstancias y ocasiones.*

*Cada una crea su propia magia, con un-
güentos
de ilusiones y esperanzas.*

*La mujer es una maravilla, un tesoro oculto
en su propio inconsciente.*

*Para ella el Amor es todo,
vive en su mundo amoroso,
a veces ilusorio,*

*pero real, en lo más profundo
de su ser y de su estar.*

*La mujer es "Amor",
concebido el día en que nació.*
=======

Antonio de Pórcel Flores Jaimes Freyre

Pensamientos de un Bohemio

La Mujer

Tesoro de la creación

¡Quién pudiera!
Adorarla todo el tiempo

¡Quién pudiera!
Venerarla día y noche

¡Quién pudiera!
Hacerla feliz cada segundo

¡Quién pudiera!
Amarla sin condición alguna

¡Quién pudiera!
Borrar sus penas

¡Quién pudiera!
Sembrar sus alegrías

¡Quién pudiera!
Cultivar sus sonrisas

¡Quién pudiera!
Sembrar su entrega y su ternura

¡Quién pudiera!

¡Quién pudiera!

Reconocimientos

A mis Padres:

*Hortensia Flores Sáenz
de Pórcel (Mamá Hortensia)*

*Alberto de Pórcel Jaimes
Jaimes Freyre (Papá Jaime)*

*Por la gran herencia que me regalaron,
mi inmortalidad en el pasado*

A mis Hijos:

*Nicolás de Pórcel Linale Flores
Cecilia de Pórcel Linale Flores de Losee*

*Por la felicidad de mi buen augurio,
mi inmortalidad del futuro*

ToTTó

Antonio de Pórcel Flores Jaimes Freyre

*Mi intención
es presentar y explicar*

*la gran diferencia
que existe entre:*

*"Hacer Sexo Con Amor"
y
"Tener Sexo Sin Amor".*

Agradecimientos

Agradezco valiosa colaboración:

En la publicación: a mi admirado hijo
Nicolás de Pórcel Linale.

A mi querida hermana,
Teresa de Pórcel Flores Jaimes Freyre:

Por animarme a lanzarme y compartir con mis lectores mis publicaciones.

A mis amigas y amigos:

Miles de gracias a todos. Cada uno, a su manera, me ha ayudado y estimulado durante el transcurso de mi corta carrera como escritor.

ToTTó

Antonio de Pórcel Flores Jaimes Freyre

Mi teoría

acerca del amor y del sexo,

ha nacido de mis experiencias

amoroso-sexuales

descritas en forma narrativa,

incluyendo diálogos.

Prefacio
Mi Teoría de Amor y del Sexo

Mi teoría acerca del amor y del sexo, ha nacido de mis experiencias amoroso-sexuales descritas en forma narrativa, incluyendo diálogos. Mi intención es presentar la gran diferencia que existe entre: "Hacer Sexo Con Amor" y "Tener Sexo Sin Amor".

"Hacer Sexo Con Amor" requiere que los amantes estén: "Enamorados", se amen con sinceridad, sin engaño y sin mentira. "Tener Sexo Sin Amor" en una unión puramente sexual, es necesaria solamente para satisfacer una necesidad sexual. No es necesario amar a la otra persona.

El amor es un fenómeno misterioso que origina y crea la atracción amorosa entre dos personas, en un momento dado y que, algunas veces, cuando hay verdadero amor, culmina en un "orgasmo Amoroso-Sexual. El misterio del "Cupido de Venus y de la Flecha Amorosa".

¿Cómo y por qué uno se Enamora?

Distingo entre el "Amar y el "Estar Enamorado" Amar es sentir Amor, como uno siente, la brisa del viento, las gotas de la lluvia, las caricias del sol, la paz de la noche soñada.

Estar "Enamorado", es vivir, en el Amar, a la persona amada, vivir el amor dentro de esa persona, en ella (en él). Es respirar el amor, llenar los pulmones con amor. Es latir su amor, de ahí que metafóricamente, decimos que uno se "enamora", con el corazón. Cuando se pierde el "vivir en el amor" de la persona amada, al amante le duele, se le parte el corazón. Canta la metáfora: "La Flecha del Cupido", hiere al corazón.

Antonio de Pórcel Flores Jaimes Freyre
¿Cual es la relación entre el Amor y el Sexo?

La vida sigue existiendo, sigue viviendo, gracias a las relaciones sexuales de los seres vivientes. Relaciones estás, que parece, nada tienen que ver con el amor.

Si los animales y las plantas se aman antes y después de tener sexo, nadie lo sabe. Se puede suponer que si se aman, es imposible comprobarlo.

Creo que el Amor existe en si mismo, que no depende de la unión sexual. La unión sexual no es necesaria, para estar enamorado, para amar y seguir amando. La unión sexual amorosa es un fruto del amor, no es al revés. Es decir que la pura unión sexual no produce Amor. Produce la satisfacción sexual, satisface la necesidad biológica de hacer sexo, de sentir un orgasmo una satisfacción sexual, nada más.

El amor no satisface necesidad alguna, porque el Amor no es una necesidad. El amor es un milagroso sentimiento de unidad existencial con el ser amado.

Para sentir, vivir la magia de un "Orgasmo Amoroso-sexual", primero se tiene que "Amar". Es el "Amar" que produce la "Unión Sexual Amorosa". El sexo con amor, nace, es producido, generado por y del "Amar".

El amor existe, en el momento de amar. Es independiente del tiempo y del espacio. Es una entrega del Ego, en busca de la felicidad del ser amado, sin condiciones, totalmente gratuita. Es la renuncia a uno mismo, en beneficio de la persona amada, que produce la felicidad de ambos amantes, durante el momento de amar. Estar enamorado es perderse dentro del amor de la persona amada. De ahí que se dice que: "El Amor es Ciego", no mira ni puede mirar las circunstancias. El amor es energía, nunca se acaba, sólo se trasforma. En realidad, nada tiene un final, la vida sigue dando vueltas.

Mis lectores notarán que hay "Algo Común" en las bellas mujeres que he tenido la suerte de amar, cuando la relación amorosa es verdadera y no hay engaño. Ese "Algo Común" es la aceptación de la realidad amorosa, cuando es "Sincera"; el conocimiento y la aceptación de la verdad y en el ejercicio de la libertad personal.

Al no haber engaño en el amor, la mujer se siente libre, sin miedo, lo cual fortifica su confianza en si misma. Se anima fácilmente, a hacer, querer y demostrar, sin miedo, sus sentimientos y emociones. Aprende a no tener la necesidad de aparentar, haciendo aquello que cree estar obligada, a no hacer aquello que ella no quieren hacer. Es decir, aprende a respetarse a si misma.

Eso sucede, porque en la relación amorosa, al darse cuenta y saber que no hay engaño, la mujer siente que el amor la obliga a entregarse incondicionalmente al ser amado. Cuando sabe y siente que es amada de verdad, no siente celos, ni envidia.

Este cambio en la mujer, es un fenómeno real, verdadero e interesante. Es el producto de un amor genuino, verdadero e incondicional. Una relación amorosa sincera y sin engaño, no termina, sigue existiendo, sin la necesidad de la presencia física de los amantes.

Otro aspecto interesante de este cambio, es el despertar de la curiosidad femenina. Una curiosidad real, bien intencionada. Al principio de la relación amorosa, cuando es sincera y sin engaño, la mujer está muy intrigada y curiosa.

En toda relación amorosa, el respeto es el fruto de la sinceridad. Sólo existe, cuando no hay lugar a la mentira ni al engaño. La verdadera unión amorosa, depende de la sinceridad de ambos amantes.

Antonio de Pórcel Flores Jaimes Freyre

El amor, la veneración, la adoración, la entrega total del Ego, sin compromiso alguno, sólo se cultivan, cuando hay sinceridad. La sinceridad es la base de relación amorosa. Una relación amorosa sin miedo y sin vergüenza se alimenta de la sinceridad que, poco a poco, va fortaleciendo la relación, ya sea de amistad, de amor, o cualquier otra. El miedo y la vergüenza son microbios funestos que matan la sinceridad, destruyen el amor, los celos y producen la envidia.

La mayoría de las relaciones amorosas terminan cuando no hay verdadera sinceridad, cuando hay engaño y pretensiones calculadas. Cuando el falso amor es un amor egoísta e interesado, se convierte en instrumento de dominio, de posesión el ser amado. Usa al ser amado con un objeto de su pertenencia.

"Si me quieres, demuéstralo haciendo lo que te pido.
Si no lo haces, no me quieres."

Él "Hombre Macho: necesita demostrar, a si mismo y a la mujer, que él es el "jefe", que él es el que manda, que es muy macho. Cree que su obligación es dominar a la mujer. Piensa que una buena mujer, debe hacer siempre, lo que a él le da la gana. Si ella no lo hace, entonces no es una "buena mujer".

Una mujer aguanta los malos tratos por miedo, por vergüenza y/o por necesidad. El hombre abusivo la maltrata también por miedo. Los hombres abusivos son cobardes.

La Sinceridad en el Amor
La sinceridad no es, simplemente decir y respetar siempre la verdad. Es necesario vivir la verdad.

Si yo puedo vivir sin engañarme a mi mismo, no necesito engañar a los demás. Si puedo vivir mis verdades, no tengo miedo mostrarlas al mundo, porque me respeto a mi mismo y porque respeto al prójimo.

Si me respeto, no tengo miedo a lo que digan, piensan, comenten, etc., personas que no pueden vivir sus verdades. Que tienen que engañarse a si mismas, aparentando lo que no son. Que tienen que cubrir, de alguna manera, un amor verdadero que sienten, pero que está prohibido.

De tu intención, depende el respeto que tu tienes por ti misma-o. Si eres sincera-o contigo misma-o, te respetas. Si te respetas a ti misma(o) eres sincera(o) con los demás. No importa lo que ellos (ellas) piensen y digan de ti.

En el amor, desafortunadamente, no se puede garantizar el futuro. El Amar, el verdadero amor vive, existe sólo en el presente, no en un futuro que no conocemos, no es una promesa a cumplir. Un plan de amor para el futuro, es una esperanza, una ilusión, un castillo de arena, es sólo eso, pura arena que vuela con el viento.

La madre ama sin condiciones, sin esperar ser amada. Si sus hijos la aman, es feliz. Si no la aman, estará triste, pero los seguirá amando.

La persona que ama, también lo hace sin condiciones. La que necesita ser amada, pone toda clase de condiciones.

Si realmente te amas a ti misma,
no necesitas que alguien te ame. Sientes y vives el amar.

Si te amo, mi prioridad es que tu seas feliz. Haré todo lo posible y hasta lo imposible para que tu seas feliz. Si fuera necesario que yo me aleje de ti, para que tu seas feliz, feliz me alejare de ti, pero te seguiré amando. Esta es la paradoja: Soy feliz contigo y soy feliz sin-tigo. Soy feliz porque te amo. No importa lo que tu hagas, si lo que estás haciendo te hace feliz. Porque mi felicidad es que tu seas feliz.

Antonio de Pórcel Flores Jaimes Freyre

Generalmente, se confunde el deseo sexual con el amor, ese amor se convierte en una necesidad y esa necesidad va, poco a poco, matando al amor. Un deseo no es amor, es un impulso, una necesidad que tiene que satisfacerse, valga lo que valga. Se desea lo que no se tiene, lo que se quiere. Un deseo sexual, no necesita amor, para satisfacerse.

Cuando en una pareja, ambos están sinceramente enamorados, tienen y sienten un amor verdadero, se aman con total entrega, sin egoísmo, sin condiciones, sin impedimentos, sin engaños ni pretensiones, sin necesidad de pruebas amorosas, entonces no necesitan que su amor sea demostrado, no necesitan "Ser Amados", porque se aman.

El tiempo y el espacio no son factores en el amor. Los amantes que no tienen la suerte de poder estar, vivir juntos, por cualquiera que sean las circunstancias, si realmente se aman, con una entrega sincera, incondicional, la esencia y la existencia de ese amor no muere. Su recuerdo es imperecedero.

El Amor sigue existiendo como una sombra placentera, que los persigue. Pensamos en la amada, sonriendo y somos felices. No es imposible que yo te ame, que tu me ames, porque nos amamos, pero puede ser imposible que estemos juntos, en el mismo espacio y tiempo.

El engaño es el veneno mortal del amor, mata toda relación amorosa. La sinceridad es el agua bendita en la pila bautismal de la relación amorosa.

Estás son mis vagas ideas bohemias . . .

Pero este bohemio ¿Qué sabe, si sabe nada?

Mis Principios de la Relación: Mujer y Hombre

Los siguientes seis principios constituyen la base del contenido de cada anécdota:

1.- El Respeto a uno mismo y al prójimo: Haciendo hincapié en el respeto a la mujer.

2.- La Sinceridad, que es la base fundamental del Amor y de toda relación humana. Nace y es el producto del Respeto.

3.- El Respeto a la Tercera Persona: que es el producto de la sinceridad y del respeto a uno mismo. Indica que no se puede, ni se debe hablar, de una tercera persona si ella no está presente para oír y participar en la conversación.

4.- El Amor y el Sexo: La diferencia entre un Orgasmo Puramente Sexual y un Orgasmo Amoroso-Sexual.

5.- Educación Amorosa-Sexual: La falta de una buena y suficiente enseñanza de: como hacer el amor a una mujer, en nuestro mundo 'machista'.

6.- La Curiosidad: Elemento fundamental para aprender a ser feliz en el Amor.

Las ideas bohemias acerca de estos principios, han sido el motivo que me impulsó a escribir mi Autobiografía.

ToTTó

> > > > > > * * * * * < < < < < <

Antonio de Pórcel Flores Jaimes Freyre

Las ideas bohemias

acerca de estos principios,
han sido el motivo
que me impulsó
a escribir mi

Autobiografía y los Compendios.

Cada anécdota
cuenta la historia
de una o varias

mujeres maravillosas,

qué han dejado
profundas huellas

en mi vida.

Prólogo Descripción y Contenido

Este libro es el primero, de una colección titulada: Anécdotas amoroso-sexuales de un Bohemio".

Mis "Anécdotas" incluidas en este libro, describen mis experiencias con el Amor y el Sexo. La mayoría describe hechos verdaderos, que me han sucedido a lo largo de varios años. Algunas son descripciones elaboradas, semi-ficticias, nacidas en y de la imaginación del autor.

Mi intención del es narrar en forma descriptiva y usando diálogos, algo que me sucedió hace tiempo, tal y como lo lo recuerdo. No pretendo establecer 'verdades', escribir "historia", ni dar consejos.

Los nombres y características personales de esas mujeres maravillosas, son ficticios y no corresponden a la realidad. Cualquier parecido con la realidad, es pura coincidencia.

Como ya escribí y vuelvo a repetirlo, el texto contiene descripciones y explicaciones sexuales detalladas, que quizás no sean del gusto de algunos de mis lectores.

Cuatro o cinco anécdotas están incluidas en cada uno de los libros de esta colección. Cada libro se independiente, anquen en algunos, hago referencia a anécdotas contenidas en otro libro. El índice al principio del libro, muestra el título a cada anécdota y una corta descripción de su con etino.

ToTTó

Antonio de Pórcel Flores Jaimes Freyre

El engaño

es el veneno mortal del amor,

mata toda relación amorosa.

La sinceridad

es el agua bendita en la pila bautismal

de toda relación amorosa.

* * * > > > < < < * * *

Colección de Anécdotas Amoroso Sexuales Anécdotas: 46 -53

Anécdota 46 (V5/C39)
Marirosa Emiliana - Julieta -(1954)
Cochabamba - Santa Cruz La Paz, Bolivia
Mi Bella Cunumi

Les conté lo que paso con Emiliana, mi cuñada cuando yo tenía 12 años. *(Volumen 4; Capítulo 32 ; Páginas 27 a 30).*

En 1952, mi hermano Carlos, que era 17 años mayor que yo y algunos de sus amigos del Club de Leones de Cochabamba, quisieron hacer una revolución, contra el gobierno. Lograron tomar algunas reparticiones públicas en Cochabamba, sin mayor alcance político. La revolución fracasó en varias partes del país.

Como resultado de su amago revolucionario, varios de ellos, eran perseguidos políticos. Tuvieron que ocultarse durante largo tiempo, la policía política los perseguía.

Llegó a La Paz mi cuñada pidiendo a mis padres su ayuda, para que mi hermano y dos de sus amigos, vengan ocultos a La Paz, puedan exilarse en una embajada y salir del país. Fue entonces que mi papá, me mandó a Cochabamba con mi cuñada para que los ayude a viajar a La Paz. Escuche parte de la conversación de mi cuñada con mis padres, sabía algo acerca de la situación, pero nada de los planes que ellos tenían. Tratando de averiguar un poco mas, durante el viaje, pregunté a mi cuñada:
========
ToTTó: "¿Por qué voy contigo a Cochabamba?"
Emiliana: "No preguntes. Tienes que ayudarnos. Lo sabrás a su tiempo."
========
Esperé calladito, pacientemente. Un día después de llegar a Cochabamba, mi cuñadita me dio sus instrucciones.
========
Emiliana: "Mañana viajas a Santa Cruz en un camión. Te alojas en un hotelito y esperas mis instrucciones. No hables con persona alguna, ni hagas comentarios. Es peligroso. ¿Me entiendes?"

Antonio de Pórcel Flores Jaimes Freyre

ToTTó" "Si creo entender. Silencio de mudo, paciencia esperando instrucciones. Tu tranquila. No te preocupes. Ya me conoces."
Emiliana: "Porque te conozco, te lo estoy diciendo. Nada de chistes ni bromitas. Esto es en serio y es peligroso."
ToTTó: "Más peligrosa eres tu, si no me equivoco. Ja. Ja. Ja."
Emiliana: "Te repito. Nada de tus bromitas. Presta atención. Eres un despistado, puede costarte mucho. Ten mucho cuidado."
ToTTó: "Si es así. ¿Por qué no viajamos juntos? Así nos cuidamos mutuamente. ¿Qué te parece?"
Emiliana: "Me parece una idiotez. Haz lo que te digo."
ToTTó: "Siempre lo he hecho. ¿No te acuerdas?"
Emiliana: "Si me acuerdo, pero no se trata de eso. Tu hermano está en peligro, tienes que ayudarnos. Ahora no te puedo decir más."
ToTTó: "Creo que lo adivino. Fracasó su revolución y lo están persiguiendo. He oído algo de las conversaciones. No te preocupes. Todo va a salir bien. Los salvaremos. Festejaremos juntitos, como lo hacíamos antes. ¿Qué te parece? "
Emiliana: "Cállate. No seas atrevido. No se trata de eso."
ToTTó: "¿Por qué me llamas 'atrevido'? Dijiste que me conoces. Sabes que respeto a la mujer, como respeto a mi madre y te espeto a ti, siempre lo he hecho."
Emiliana: "Perdóname. No quise ofenderte. A veces eres muy sensible. Yo también te respeto. Estoy muy preocupada por está situación. Trata de comprender. No es fácil para mi."
ToTTó: "Comprendo la situación. Estoy tratando de hacerte reír, para que relajes un poco. Quieres que los lleve a La Paz en ese camión. Lo adivino fácilmente. Dame un beso y sonríe. Te ayudaré en todo, ten confianza en ti misma y confía en este despistado, que, desde hace tiempo, te quiere mucho. Eres maravillosa."
Emiliana: "Gracias. No se qué haré contigo. Siempre tomas las cosas por el lado bueno. Yo también te quiero."
========
Nos besamos. Ella salió corriendo. Me quedé sonriendo. Que linda, sensible y maravillosa mujer. No era feliz con mi hermano.

Estuve un día más en Cochabamba y seguí viaje a Santa Cruz. En ese entonces Santa Cruz era un pueblo pequeño.

Colección de Anécdotas Amoroso Sexuales Anécdotas: 46 -53

Me alojé en el hotelito, que mi cuñada había reservado, esperando instrucciones.

Teníamos parientes en Santa Cruz. Un primo de mi mamá, mi tío F y su familia vivían allá. Tío F. nos visitaba frecuentemente en La Paz. Era diputado por Santa Cruz.

Mientras esperaba instrucciones de mi cuñada, decidí ir a visitar y a saludar a Tío F. Me fue fácil encontrar su casa. Un pueblo chico, todos se conocían.

Vivían en una casa grade con varios patios y un granero. El patio del frente de la casa estaba regado con lindas sandías. La puerta de entrada a la casa estaba cerrada. Golpee la puerta, nadie contestó. Me acordé que era costumbre dormir la siesta en las tardes. Debía esperar unas horas. Me senté en una grada, cerca del granero.

De pronto vi a una muchacha salir del granero. Se sorprendió al verme. Le hice señas para que se acercara. Se quedó parada por un rato, mirándome con cierta curiosidad.

Tenía sed y las sandías estaban tentadoras. Me paré y agarré una linda sandía. Era grande y lucía apetitosa. No tenía como partirla. Encontré una piedra puntiaguda, ya iba a partirla. La muchacha, que me seguía observando, se acercó, machete en mano. Era una Cunumi, una campesina.

Se paró frente a mi. Puse la sandía y la piedra en el suelo y le dije:
========
ToTTó: "Me llamo Antonio. Me puedes llamar ToTTó, ese es mi apodo."
La Cunumi: "ToTTó. ¡Qué chistoso!"
ToTTó. "Por qué dices que es chistoso?"
La Cunumi: "Por que mi primo se llama Tata."
ToTTó: "¿Como te llamas?"
La Cunumi: "María, pero a mi no me gusta. Todas se llaman: María."
ToTTó: "¿Qué nombre te gusta?"

27

Antonio de Pórcel Flores Jaimes Freyre

La Cunumi: "Pue. Usted se vas a reír de mi. Me voy a poner colorada, como esa sandia."
ToTTó: "Te prometo que no me voy a reír de ti."
La Cunumi: "Bueno pue. Me gusta Rosario, por las perlitas."
ToTTó: "Te van a llamar Rosa."
La Cunumi: "No. No. No es Rosa, es Rosario."
ToTTó: "¿Qué te parece si te llamo María del Rosario, Marirosa?"
La Cunumi: "¿Marirosa? Pue. Ese me gusta."
ToTTó: "Para mi, desde ahora te llamas: Marirosa."
La Cunumi: "Si. Si. Si. Así me llamo. Marirosa. Gracias."
ToTTó: "Me alegro que te guste, a mi también me gusta."
Marirosa: "¿Quién es usted? ¿Por qué está aquí? ¿Es usted un Kolla?"
ToTTó: "No soy un Kolla. Soy de La Paz."
Marirosa: "Entonces, es usted un Kolla, no es Camba. Habla como Kolla."
ToTTó: "No todos los de La Paz son Kollas."
Marirosa: "Si. Me he equivocado. Ahora sé. Usted es un patrón, pero diferente. ¿Qué hace aquí?"
ToTTó: "Quiero conocer a mis primas. Mi Tío es Don F."
Marirosa: "Le dije. Usted es el patrón. Esos patrones que viven en La Paz. Ja. Ja. Ja. Yo soy una Cunumi no más."
ToTTó: "¿Por qué te ríes?"
Marirosa: "Por que soy una sonsa. Yo hablando con el patrón, como si fuéramos iguales. ¡Qué tonta que soy! Si mis hermanas lo saben, se van a reír en mi cara. No les vas a decir."
ToTTó: "No eres tonta. Eres muy inteligente. No somos diferentes. Mírame a los ojos."
Marirosa: "Ayayay. ¡Cómo pue!"
========
La tomé la mano y la miré directamente a los ojos, diciendo:
========
ToTTó: "Mírame así, como te estoy mirando."
========
Me obedeció. Nos miramos por un corto momento. Le sonreí y ella me sonrió. Me devolvió la mirada, sorprendida.

Colección de Anécdotas Amoroso Sexuales Anécdotas: 46 -53

========
Marirosa: "Sus ojos son cafés claritos."
ToTTó: "Los tuyos son negros, profundos, hermosos."
Marirosa: "Ayayay. Elai Pue. Me da vergüenza."
ToTTó: "No tengas vergüenza. Te respeto como respeto a toda mujer. Respeto a las mujeres, no importa como son, de dónde vienen ni que hacen. Mi mamá me lo ha enseñado desde que yo era chico. Por favor no me ustees, háblame de tu. ¿Quieres?"
Marirosa: "¡Bueno pue! Así te hablaré. Te dije que soy una Cunumi. Los patrones no respetan a las Cunumis. Tu no sabes."
ToTTó: "Te dije que te respeto porque eres mujer."
Marirosa: "¿De veras, me respetas? Eso si me gusta y mucho. ¿No te importa que soy Cunumi? Yo también te respeto, no como patrón, sino como hombre, porque eres diferente."
ToTTó: "No soy patrón. Quiero que seamos amigos. ¿Qué dices? ¿Aceptas mi amistad?"
Marirosa: "Pue. ¿Amigos de verdad? ¿Una Cunumi y un Kolla? No sé si podemos ser amigos."
ToTTó: "¿Por qué no? Si tu quieres y yo quiero podemos ser amigos, no importa como somos, para los demás. No me importa lo que dicen los otros. Yo quiero ser amigo tuyo."
Marirosa: "Yo también quiero ser tu amiga, aunque se rían de mi en la hacienda cuando les cuente. ¡Qué me importa!"
ToTTó: "No se van a reír de ti. No importa que seas cunumi. Para mi eres una linda señorita. Piénsalo. Me gustaría que me lleves a la hacienda."
Marirosa: "Ve elay pue. No soy señorita. Te dije que soy campesina, la sirvienta. Sirvo10 días cada mes en la casa del patrón. Mis dos hermanas también sirven 10 días, nos turnamos. Ellas están en la hacienda. Este es mi último día de trabajo este mes, pue. Los patrones duermen la siesta pue. Los sirvientes no duermen siesta."
========
Hacia mucho calor y tenía mucha sed. Cogí la sandía y la piedra. Marirosa se rió a carcajadas y me preguntó:
========
Marirosa: "¿Que quieres hacer con esa piedra?"
ToTTó: " Hace mucho calor. Tengo mucha sed. Quiero cortar la sandia."

Antonio de Pórcel Flores Jaimes Freyre

Marirosa: " Ja. Ja. Ja. Qué chistoso que eres. ¡Cortar la sandia con una piedra! Dame, yo la corto con mi machete. Tu no sabes cortar sandias."
========
Sin esperar más, me quito la sandia, con un machetazo certero corto una rebanada perfecta y me la dio.
========
Marirosa: "Toma. Así se corta. Si quieres te enseño."
ToTTó: "No hace falta que me enseñes. Tu las cortas y listo."
========
Tome la rajada que estaba tentadora. La olí y suavemente, como besándola, la acaricié.
========
Marirosa: "Pue, no sabes comer sandía. Parece que está besando la tajada."
ToTTó: "Así es mejor para saborearla. Besarla como si fueran los labios de la mujer amada. Es mejor besarla. Haz la prueba, si no me crees."
========
Marirosa cortó una tajada, la miro, la puso en sus labios saboreándola.
========
ToTTó: "¿Te gustó?"
Marirosa: "Pue. Si, me gustó. ¿Por que besas a la sandía?"
ToTTó: "Mírala. Porque es roja como los labios, es dulce como el amor, es más sabrosa de esa manera."
Marirosa: "Si. Así me gusta más. ¿Cómo sabes besar? ¿Haz besado muchas sandías?"
ToTTó: "No he besado a muchas sandias. Pero he besado muchísimas veces, los labios de mujeres maravillosas como tu."
Marirosa: "Que lindo. ¿A muchas mujeres? Pero yo no soy maravillosa, soy una Cunumi, nada más."
ToTTó: "Para mi eres una mujer maravillosa y hermosa, eres una linda Cunumi."
Marirosa: "¿Quieres besarme, aunque sea una Cunumi?"
ToTTó: "No he besado a una Cunumi todavía. Me gustaría besarte, pero tenemos que esperar a conocernos un poco mejor."

Colección de Anécdotas Amoroso Sexuales Anécdotas: 46 -53

Marirosa: "Pue, Ya sé. No soy de tu clase. Los patrones no besan, a las Cunumis, sólo las usan."
ToTTó: "Ya te dije que yo no soy un patrón. Tenemos que conocernos un poco más, para que nos besemos de verdad, con amor."
Marirosa: "¿Con amor? Así me gusta más. Si quieres esperamos."
Marirosa: "Dices que los patrones usan a las Cunumis. ¿Te han usado?"
Marirosa: "El niño Juan a tratado. Lo he empujado, se ha caído al suelo y se ha lastimado. He gritado fuerte, fuerte. Le he mostrado el machete y se ha asustado."
ToTTó: "¿Te has quejado a su mamá o a su papá?"
Marirosa: "Mejor no. Calladita no más."
ToTTó: "¿Por qué calladita?"
Marirosa: "Pue. Si sabe la patrona, que empuje a su hijo, me va botar de la hacienda."
ToTTó: "¿Por dices eso? No puede ser."
Marirosa: "Tu no sabes. Soy la sirvienta, soy una campesina, una Cunumi. Mi prima se quejó, que el hijo del patrón la abusó."
ToTTó: "¿Que pasó con tu prima?"
Marirosa: "Pue. La echaron de la hacienda."
ToTTó: "¿Dónde está ahora tu prima?"
Marirosa: "Se fue llorando. Nadie sabe."
ToTTó: "No tengas miedo. Yo no te voy a abusar. Somos amigos. tu ya sabes."
Marirosa: "No tengo miedo de ti. Eres diferente y me respetas como mujer. Me lo haz dicho. Me estoy poniendo triste."
ToTTó: "¿Por qué te estás poniendo triste?"
Marirosa: "Eres de La Paz. Te vas a ir. No te voy a volver a ver."
ToTTó: "¿Cómo lo sabes? ¿Eres adivina?"
Marirosa: "Eres un chistoso. Me estoy poniendo triste y juegas conmigo. No soy adivina. Tu lo sabes. No te burles de mi."
ToTTó: "No me estoy burlando de ti, nunca lo hare. Te lo prometo. Te estoy hablando en serio. No sabemos que nos pasará. No hay porqué ponerse tristes. Yo estoy muy alegre contigo."
Marirosa: "También estoy alegre contigo. Dices que tenemos que esperar para besarnos. Yo no quiero esperar. Te vas a ir, ya lo sé."
=========

Antonio de Pórcel Flores Jaimes Freyre

Se quedó parada, frente a mi, con la cabeza mirando al suelo. La miré por un momento. Vi que ella trataba de contener sus lágrimas. Cariñosamente, tome su quijada, levanté su cara y bese sus ojos, varias veces. Ella me miró con una leve sonrisa. Nos besamos apasionadamente muchas veces. Luego nos sentamos en la piedra a comer sandía y conversamos.
========
Marirosa: "Los patrones ya van a despertar. No quiero que nos vean así."
ToTTó: "¿Por qué no? No tengas miedo, yo lo voy ha arreglar. Se como hacerlo.'
Marirosa: "Me haz dicho que tu no los conoces."
ToTTó: "No conozco a la familia, pero conozco a mi Tío F."
Marirosa: "¿Como es que lo conoces?"
ToTTó: "Muchas veces a ido a visitarnos en La Paz. Es primo de mi mamá, él me conoce. No te vayas. Te quedas conmigo, a mi lado todo el tiempo, sin miedo. ¿Lo puedes hacer?"
Marirosa: "Si me lo pides así, haré lo tu dices, pero con miedo."
========
No tardaron en salir dos señoritas bastante bonitas. Al vernos juntos. Se quedaron paradas, luego entraron a la casa. Salió una señora. Nos acercamos a ella. Marirosa a mi lado, muy quieta.
========
ToTTó: " Buenas tardes tía Eulogia. Tu no me conoces, soy tu sobrino. ¿Está mi tío F.? Vengo a visitarlo, mi mamá Hortensia, me lo ha pedido."
=========
La señora bastante sorprendida, se quedó muda por un momento.
========
ToTTó: "Si este no es un buen momento, puedo volver, me quedaré unos días aquí."
Eulogia: "Discúlpeme. Usted me ha sorprendido. Mi esposo está en la hacienda. Legará mañana. Pase por favor."
ToTTó: "Quizás es mejor así. No quiero molestarla. Usted me disculpa por venir sin avisar antes. Ahora mismo voy a la hacienda. Ella me va a llevar, si usted me permite."
========
Marirosa me miró sorprendida, pero se quedo calladita.

32

========
Eulogia: "Si usted quiere verlo en la hacienda, está bien. Pero usted tiene que venir a visitarnos antes de irse. Queremos conocerlo. Mi esposo nos ha hablado de usted. No se olvide."
ToTTó: "Será un placer conocer a la familia. Gracias."
========
Marirosa Se quedó parada, temblando de miedo todo el tiempo.
========
ToTTó: "Deja de tener miedo mujer. Ya está todo arreglado. Vamos a la hacienda a ver a mi Tío."
Marirosa: "No sé como lo haz arreglado, tan fácil. Ni siquiera la patrona me ha mirado. La haz convencido fácilmente. ¿Qué vamos hacer en la hacienda? No se si debemos ir. Me van a mirar raro si llego contigo. Las Cunumis no andan con los Patrones."
ToTTó: "¿Qué te importa que te miren raro? ¿Crees que sus miradas son como tu machete, que te van a cortar en tajadas como a una sandia?"
Marirosa: "Ja. Ja. Ja. Me haces reír con tus bromitas. No me van a cortar. No me importa. Tienes razón. Dame un beso y voy ha estar más tranquila."
========
Caminamos agarrados de la mano a la hacienda,

En la hacienda

La hacienda no quedaba muy lejos, pero yo no estaba acostumbrado, ni vestido para caminar en ese calor y esa humedad. Estaba traspirando. Marirosa muy campante como si nada, el calor no la afectada. Estaba acostumbrada. Vestía un simple vestido rosado y un sombrero de 'Sao', sobrero de paja con alas anchas, que me lo puso en la cabeza, sonriendo:
========
Marirosa: "Ve lai pue. Te vas a derretir. Mejor es que pongas mi sombrero, para que no te quemes la cara con este sol."
ToTTó: "Sin tu sombrero, tu eres la que se va a derretir."
Marirosa: "Ja. Ja. Ja. Todavía no. Me haz dicho que tenemos que esperar. Ja. Ja. Ja."

33

Antonio de Pórcel Flores Jaimes Freyre

ToTTó: "Te estás poniendo un poco atrevida, eso me gusta."
Marirosa: "Sólo contigo. Estoy miedosa. ¿Qué vamos hacer en la hacienda?"
ToTTó: "No te lo digo. Es una sorpresa."
Marirosa: "No me gustan las sorpresas. Dímelo por favor, para que esté más tranquila."
ToTTó: "Yo traspiro de calor y tu estás sudando de miedo. Ja. Ja. Ja. Si quieres te devuelvo el sombrero. Creo que lo necesitas."
Marirosa: "Basta con tus bromas. No necesito el sombrero. Necesito que me lo digas y se acabó."
"ToTTó: "¡Cálmese mi linda señorita!"
Marirosa: "No soy señorita, ya te lo dije. Soy tu Cunumi. ¡Dímelo!"
ToTTó: "Ten paciencia mujer. Si te lo digo, perderá su magia. Pensé que confías en mi."
Marirosa: "Sabes que confío en ti. Estoy nerviosa. No conoces a la gente de la hacienda. Se van a reír de mi. Me voy a morir de vergüenza frente a mi papá y mi mamá."
ToTTó: "No va a pasar eso. Te van a recibir como a una reina. Ya verás. Pero tienes que confiar en mi y tranquilizarte. Eso es lo mejor, que puedes hacer."
Marirosa: "Está bien. Confió en ti. Pero dame otro beso para que esté mas tranquila.
========
Nos besamos, en ese calor, por un rato. Marirosa se tranquilizó.
========
Marirosa: "Pareces un Camba, con ese sombrero. Así me gusta. Te lo regalo. No te lo quietes en la hacienda."
ToTTó: "Gracias por el sombrero. No me lo quitaré princesa."
Marirosa: "¿Otra vez? No soy princesa, soy tu cunumi. Nada más."
ToTTó: "Mi linda Cunumi."
Marirosa: "No soy linda. Mi mamá era linda."
ToTTó: "¿Sabes? Yo tengo muy buen gusto, se apreciar la belleza femenina. Eres muy linda, aunque no lo creas."
Marirosa: "Eres un payaso. No soy creída, ni lo voy a ser."
ToTTó: "Eso me gusta. Que no seas creída, ni orgullosa. Pero linda si que eres."

Colección de Anécdotas Amoroso Sexuales Anécdotas: 46 -53

Marirosa: "Gracias. Ya vamos a llegar a la hacienda."
ToTTó: "No te me pongas nerviosa. Acuérdate que se lo que hago. Tu calladita a mi lado, no te separes. Caminas conmigo, con la frente alta. Mirando de frente a todo el mundo. ¿Puedes hacerlo?"
Marirosa: "No sé. Nunca lo he hecho."
ToTTó: "Es fácil. Mira como lo hago, repites como yo hago."
========
Caminé haciendo una demostración. Luego Marirosa camino imitándome, varis veces.
========
ToTTó: "¿Ves que no es difícil?"
Marirosa: "Ja. Ja. Ja. Eres un payaso. Es chistoso caminar así. Creo que me voy a reír."
ToTTó: "Mejor si te ríes o te sonríes. Ya verás como nos reciben. Sé como hacerlo."
Marirosa: "Voy a practicar caminando así hasta llegar a la hacienda, no está lejos."
========
Nos acercábamos a la casa se Hacienda, Marirosa caminando como había practicado.
========
Marirosa: "Ya nos vieron y se están acercado."
ToTTó: 'Tu sigue caminando más despacio y listo".
Marirosa: "¿Para qué más despacio?"
ToTTó: "¿Para que venga más gente?"
Marirosa: "˜¿Para que quieres que venga más gente?"
ToTTó: "No hagas preguntas. Haz lo que te digo."
Marirosa: "Esta bien."
=======
Como lo suponía, la gente se paraba a ambos lados del camino haciendo un callejón. Entonces se me ocurrió aprovechar la oportunidad. Levante los brazos, azuzando a la gente y empecé a aplaudir indicando, por señas, que ellos aplaudieran. Funcionó a la perfección. A medida que nos acercábamos a la casa, al oír los aplausos, más gente se reunía. Total, que parecía un recibimiento oficial, muy bien planeado.

Antonio de Pórcel Flores Jaimes Freyre

Al oír el alboroto, se abrió la puerta de la casa y vi a mi Tío F. parado observando, con los brazos en alto. Cuando nos acercamos, me reconoció. Apuntándome con el dedo índex, me dijo.
=========
Tío F: "ToTTó. ¿Qué traes para hacer tanto alboroto? A mi no me reciben así."
ToTTó: "Traigo saludos para ti y tu familia de parte de mi mamá.
Tío F: "No sólo eso. Ya veo."
ToTTó. "Tienes razón. Traigo mucho más para ti. Consejos de mi Padre que te pueden interesar. Tu ya lo conoces."
Tío F: "Si, claro que lo conozco y lo admiro. Es una persona muy inteligente. Pero no te quedes parado en la puerta pasa."
ToTTó: "No entro solo."
Tío F: "¡Humm! Pasen, pasen."
ToTTó: "Gracias."
=========
Antes de entrar, tomé del brazo a Marirosa la hice dar la vuelta mirando al los campesinos, que estaban parados mirando el desenlace.
=========
ToTTó: "Haz una venia como yo la voy hacer y levanta el brazo saludando."
Marirosa: "Eres un payaso."
ToTTó: "No hables. Haz la venia ya."
=========
Hicimos la venia de rigor, saludando. Todos aplaudieron. Dimos la vuelta y entramos a la casa siguiendo a Tío F..
=======
Tío F: "No sé que te traes entre manos. Vas a ser un buen político. Conquistas a la gente fácilmente. Ni saben quien eres y ya te aplauden."
ToTTó: "Es cuestión de entender al público tío."
Tío F: "Así parec."
=========
Entramos a un salón grande. Las dos Cunumis de servicio, no dejaban de mirar, asombradas a Marirosa. Ella muy ufana no las miraba atenta a la conversación.

========
Tío F: "Tomen asiento."
ToTTó: "No aquí Tío. Es muy formal e incómodo. Nos sentamos como en La Paz, en el comedor. Es más familiar. ¿Qué te parece?"
Tío F: "Vamos al comedor."
========
Tío F. se sentó a la cabecera. Yo a su lado derecho Marirosa a mi lado. De inmediato, sin necesidad de pedir, las dos Cunumis, trajeron vasos y dos jarras de limonada. Sin dejar de mirar a Marirosa. Ella muy orgullosa, ni siquiera devolvió las miradas. Le di un pequeño codazo, indicando que las mire y se sonría amigablemente. Me entendió. Las miro sonriendo, haciendo una pequeña venia. La Cunumis se rieron. No sabía yo que eran sus hermanas.
========
Tío F: "Me alegro de verte. A qué haz venido?"
ToTTó: "Mi cuñada llega en dos días, con las instrucciones."
Tío F: "Ya me doy cuenta. Creo que lo adivino."
========
Señalando a Marirosa, Tío F. me preguntó:
========
Tío F: "Ella es María. ¿Cómo la conociste?"
ToTTó: "No creo que eso sea importante. Fui a tu casa. Dormían la siesta. Hablé con tu esposa. Me dijo que estabas en la Hacienda. Marirosa me ayudó cortar una sandía y me trajo acá. Me dio su sombrero porque no aguantaba el calor. ¿Por que no le preguntas a ella?"
Tío F: "¿Tu eres María?"
ToTTó: "Perdona la interrupción. Se llamaba María, pero decidió cambiarse de nombre. Se llama Marirosa."
Tío F: "Humm. ¿Por qué te cambiaste de nombre?"
Marirosa: "Patrón. Me gusta más ese nombre. ToTTó me lo enseño. Yo soy su Cunumi, Patrón."
ToTTó: "Marirosa. Por favor no llames Patrón a mi tío. Recuerda que cuando estás conmigo eres una señorita. Tío. ¿Te molestaría si te Marirosa, te llama, 'Tío'? ¿Como en La Paz?"
Tío F: "Claro que no. Me puedes llamar 'Tío', cuando estamos solos, o con ToTTó."

Antonio de Pórcel Flores Jaimes Freyre

Marirosa: "¡Ayayay! Velai pue. No sé si puedo. No quiero faltarle al respeto. Soy sólo una Cunumi, no soy una señorita."
ToTTó: "Esa es la última vez que quiero oír que digas eso. Si estás conmigo, eres una señorita. ¿Vedad tío?"
Tío F: "ToTTó tiene razón. No me estás faltando al respeto. Tienes que portarte como una señorita."
Marirosa. "Trataré de hacerlo, pero tengo que aprender."
Tío F: "Fuera de las instrucciones de tu cuñada. ¿Cuáles son tus planes?"
ToTTó: "Te dije que hablamos con mi mamá y con mi papá acerca de ti."
Tío F: "Si me dijiste. ¿De que hablaron?"
ToTTó: "Piensan que tu no estás usando bien a la población, si quieres que te vuelvan a elegir de diputado."
Tío F: "¿Cuál es la idea? Me interesa mucho."
ToTTó: "No es una idea. Al ver la situación acá. Se me ha ocurrido un plan que puede ser de tu agrado."
Tío F: "¿Cual es tu plan?"
ToTTó: "Mañana vamos al pueblo. Bautizamos a Marirosa con tu amigo el cura y sacamos su Partida de Bautizo. Haces una conferencia de prensa en la Plaza, para que salga en el periódico. Anuncias que Marirosa está yendo a La Paz a seguir sus estudios, para ser profesora. Dices que vas a abrir una escuela en la hacienda para los niños y niñas. Que contratarás una profesora de La Paz, hasta que Marirosa tenga su licencia de profesora. Cuando ella vuelva, se encargara de la escuela. ¿Qué te parece?"
Tío F: "Me parece bien."
ToTTó: "Mis padres dicen que tu necesitas más publicidad. Que la gente sepa las cosas buenas que estás haciendo para el pueblo."
Tío F: "Parece fácil. Estoy interesado. Lo hacemos Mañana."
Marirosa: "Creen que yo puedo estudiar para ser profesora. No se leer ni escribir, ni hablar como Kolla."
ToTTó: "Claro que puedes. Te voy a enseñar. Viajas conmigo a La Paz, vives en la casa de mis padres. Vas a la escuela. Eres una mujer inteligente. Te dije que eres una mujer libre y puedes hacer todo lo que quieras, aunque sea difícil al principio."

Tío F: "Estudias con disciplina, todos los días, claro que puedes."
ToTTó: "¿Crees que sea bueno llevar algunos campesinos mañana? Por ejemplo. ¿A los padres y hermanas de Marirosa?"
Tío F: "Qué buena idea. Llevaremos algunos de los viejos, que son respetados por todos. Yo me encargo de eso."
========
Pasó mejor de lo que había pensado. Al día siguiente, bautizamos a Marirosa, sacamos su partida de bautizo, que era necesaria para sacar sus papeles en La Paz. Tío F., con toda su familia presente, hizo su conferencia de prensa, que fue todo un éxito. Salió publicada en los periódicos de La Paz y de otras ciudades.

Tío F. Me ofreció que me quedara en su casa del pueblo. No era conveniente que acepte la invitación. Alquilé un cuarto para Marirosa en el hotel. Al día siguiente, llegó mi cuñada.

Los perseguidos políticos eran 3. Tenían que viajar a La Paz, ocultos en un camión grande, que llevaría madera a la Paz. En el camión, hicieron un hueco en el centro, como una pequeña cueva oculta por la madera. En ese hueco se ocultarían los perseguidos. Yo no sabía, cuando, donde ni como ellos entrarían a ese hueco. El camión debía salir al día siguiente de Santa Cruz a Cochabamba. Esas eran las instrucciones.

Cuando mi cuñada se enteró que Marirosa estaba conmigo, no se puso muy feliz que digamos. Caminamos en un parque cercano, de manera que nadie nos oiga.
========
Emiliana: "¡Como se te ocurre mezclarte con esa Cunumi? Es muy peligroso para todos, inclusive para ella. Tienes que ser más responsable."
ToTTó: "El plan que tienes es muy malo. Eso es lo peligroso."
Emiliana: "Tu no sabes. Eres muy chico todavía. Lo hemos preparado cuidadosamente con gente que saben como hacerlo y tienen experiencia. El plan es bueno. Es la única manera de llevarlos a La Paz, sin que se enteré la policía política. Si los toman presos antes, que ellos puedan llegar a una embajada, pueden torturarlos y pueden matarlos."

Antonio de Pórcel Flores Jaimes Freyre

ToTTó: "Los descubrirán en el Alto de la Paz, en la tranca. La policía política tiene perros, será fácil que los huelan."
Emiliana. "Tu no sabes cual es el plan. No pasarán por la tranca del alto. Hemos contratado gente de confianza. Van a disminuir la velocidad del tren a pocos kilómetros de Viacha, antes de llegar al Alto. Ellos se subirán al tren. Así pasarán La Paz. Ya te dije que el plan es bueno y seguro. Tu, tu imilla y el chofer pasaran por la tranca en el camión."
ToTTó: "Los perros olerán de seguro, nos toman presos a los tres. Nos martirizan. El chofer va hablar."
Emiliana: "Tu eres la única persona que sabe donde se alojarán ellos, antes de ir a la embajada. Los perros olerán nada, porque limpiarán el hueco."
ToTTó: "No confío en esa limpieza. El chofer puede llevar el camión a la Paz. También, lo puede dejar oculto en el Alto, antes de llegar a la tranca. Yo y mi imilla subimos al tren y se acabó."
Emiliana: "No podemos perder el camión ni la madera, cuestan mucho dinero."
ToTTó: "Entonces tu llevas el camión con el chofer a La Paz."
Emiliana: "¿Cómo se te ocurre esa sonsera?"
ToTTó: "Sabes que te quiero mucho y no quiero que algo malo te pase, por la idiotez de esos tontos que no saben como hacer las cosas bien. Pero tampoco quiero arriesgarme por ellos. No me importa el camión, no debe importarte a ti. No puedes poner en peligro al chofer. Es muy probable que ese camión no pueda pasar la tranca del alto y se acabó. ¿Me entiendes?"
Emiliana: "Si, Te entiendo. Tienes razón. Es peligroso si los perros huelen algo. Ustedes no se pueden arriesgar, sólo por ayudarnos. Pero si dejamos el camión, parado en algún lugar, lo van a encontrar y van a saber de quién es. Al dueño lo van a perseguir, lo pueden tomar preso."
ToTTó: "Ya te dije que no es un buen plan."
Emiliana: "Es el único que tenemos. ¿Qué podemos hacer?"
ToTTó: "¿Sabe el chofer a quienes estamos llevando?"
Emiliana: "No. ¿Por qué me preguntas? Es mejor que él no lo sepa."
ToTTó: "No es mejor. Si lo pescan y él no sabe, lo van a torturar y es posible que lo maten. Es una barbaridad."

Emiliana: "No lo había pensado así. ¿Qué hacemos ahora?"
ToTTó: "Suspendes el viaje y hacen plan mejor."
Emiliana: "Ojala se pudiera. Ya es muy tarde. No sabes cuanto nos ha costado que la embajada los acepte como refugiados. Está todo preparado, en La Paz. Si no van ahora, no podrán salir del país. Si los toman presos, los martirizarán y es probable que los maten. Eso tu lo sabes muy bien."
ToTTó: "Tienes razón. Tenemos buscar una solución. Déjame pensar."
========
Parecía que no había una solución posible, sin poner en riesgo a alguien: sea al chofer, o a mi, o al dueño del camión. ¿Qué hacer con el bendito camión? No se lo podía dejar oculto. Había que hacerlo pasar por la tranca a como de lugar. El problema eran los perros. Si el hueco estaba limpio, tendría olor a limpieza que podían fácilmente descubrir los perros. Tenía que buscar algo para distraer a esos perros. Esa era la solución. ¿Qué era ese algo?"
Después de está charla, nos despedimos. Mi cuñada viajó ese día, para preparar el viaje desde Cochabamba a La Paz. Fui al hotel donde me estaba esperando Marirosa.
========
Marirosa: "Haz tardado tanto. Estaba preocupada. Tu cuñada no me miró con buenos ojos. ¿Seguro, quieres que vaya contigo?"
========
Antes de contestarle, la abrace cariñosamente y nos besamos.
========
ToTTó: "Por favor, nunca más me hagas esa pregunta. No importa como te mire la gente. Soy feliz contigo, eso es lo que importa."
Marirosa: "Tienes razón. ¡Qué tonta que soy! Tengo mucho que aprender. Todo esto es nuevo para mi. Tu me vas a enseñar. Te prometo que nunca más haré esas preguntas."
ToTTó: "No me prometas eso. Preguntar es muy necesario si quieres aprender. Puedes preguntarme cualquier cosa, nunca me enojaré contigo, eso te lo prometo."
========
Fuimos a comedor del hotel a almorzar.
========

41

Antonio de Pórcel Flores Jaimes Freyre

Marirosa: "Haz estado callado todo este tiempo. Tu no eres así. Te gusta hacer bromas y chistes. ¿Por qué estás preocupado? ¿Qué está pasando? ¿Puedo yo saberlo? Me haz dicho que no hay secretos entre nosotros."
ToTTó: "Tienes razón. No hay secretos entre nosotros. Estoy preocupado por la situación que no es buena. Un problema grave que no sé como solucionar."
Marirosa: "Me cuentas mejor. Así yo estaré más tranquila. Quizás pueda ayudarte. ¡Qué tonta que soy! Yo tratando de ayudarte."
ToTTó: "No me gusta que hables mal de mi Cunumi. Ella no es una tonta."
Marirosa: "Ahora si. Ya estás otra vez con tus bromas. Soy tu Cunumi y no soy tonta."
ToTTó: "Así está mejor."
========
Nos besamos y le conté un resumen de lo que estaba pasando.
========
ToTTó: "Viajamos en el camión a La Paz. Tenemos que pasar la tranca de la policía donde hay perros que huelen si alguien está ocultando algo en el camión."
Marirosa: "Ha ya sé. Los perros los van a oler. ¿Eso es lo que estás diciendo?"
ToTTó: "No los van oler, porque ellos ya no van a estar en el camión. Pero nosotros y chofer vamos a viajar en el camión hasta La Paz. Es peligroso, pueden tomarnos presos."
Marirosa: "¿Por que tenemos que ir a La Paz en ese camión, si ellos no van a estar ahí dentro?"
ToTTó: "Por que el camión tiene que llegar a La Paz. No se puede quedar abandonado en el camino. No quiero que el chofer este sólo. Si lo toman preso van a descubrir todo. ¿Entiendes?"
Marirosa: "Ahora entiendo. Van a descubrir al dueño del camión. El problema son los perros en la tranca ¿Verdad?"
ToTTó: "Si ese es el problema y no sé como solucionarlo."
Marirosa: "Eso es fácil."
ToTTó: "¿Cómo que es fácil? No sé cuál es la solución."
Marirosa: "Tenemos que evitar que los perros huelan el camión.
ToTTó: "Si, eso es lo que tenemos que hacer. Dices que es fácil."

Marirosa: "Es fácil. Compramos esas bolitas para las polillas. A los perros no les gusta ese olor, ese olor los lastima, se escapan."
ToTTó: "¿Esas bolitas de naftalina? ¿Como lo sabes?"
Marirosa: "Tu Tía las usa todo el tiempo para guardar su ropa. No le gusta que el perro huela su ropa. Un perrito, la mascotita de la niña, se quedó encerrado en el ropero y lo encontraron muerto, por el olor de esas bolitas. La niña lloró mucho tiempo. "
========
Marirosa me dio la solución que era tan simple.
Al día siguiente viajamos en el camión a Cochabamba. Ellos no estaban ocultos en el camión todavía. Yo sentado al medio y Marirosa cerca de la ventana. Marirosa lo miraba todo asombrada.
========
Marirosa: "¡Qué lindo viajar contigo! Me gusta ver el camino. ¿Como es esa ciudad, Cochab...? No se el nombre."
ToTTó: "Cochabamba."
Marirosa: "A si, ahora me acuerdo. Un nombre raro. ¿Cómo es?"
ToTTó: "La verás con tus propios ojos. Te va a gustar, es un valle que tiene lindo clima, no como el de Santa Cruz."
Marirosa: "¿Nos vamos a quedar ahí en Cochab...?"
ToTTó: "Probablemente uno a dos días. No lo sé."
Marirosa: "¿Me vas a llevar a ver la plaza?"
ToTTó: "Si tenemos tiempo, vamos a ir una heladería que está en la plaza. Tienen ricos helados."
Marirosa: "Pero yo estoy vestida de Cunumi. ¿No te importa?"
ToTTó: "Si a ti importa, entonces a mi también me importa."
Marirosa: "Mejor sería que me vista como señorita."
ToTTó: "Tienes razón. No creo que podamos comprar ropa. No vamos a tener tiempo. Mi cuñada tiene ropa bonita, que te va a gustar. Le voy a pedir que te la regale. Si eso está bien contigo."
Marirosa: "Claro que está bien. He visto como se viste tu cuñada, siempre tan elegante."
=========
En Cochabamba. Estacionamos el camión en las afueras de la ciudad. Mi cuñada me llevó a pequeña oficina para conversar a solas. No me gustó, pero no podía hacer otra cosa. Pedí por favor a Marirosa que me espere. Ella se quedó en el camión, sonriendo.
========

Antonio de Pórcel Flores Jaimes Freyre

Emiliana: "¿Cómo fue el viaje?"
ToTTó: "Todo normal. Nos pararon en dos trancas. Revisaron el camión por fuera sin problema."
Emiliana: "¿Solucionaste el problema de los perros?"
ToTTó: "No. La que llamas: 'mi imilla', lo solucionó."
Emiliana: "No hables sonseras. ¿Cómo puede esa imilla, solucionar ese problema?"
ToTTó: "Esa imilla es más inteligente que todos nosotros, especialmente aquellos que hicieron es estúpido plan."
Emiliana: "Claro que tienes que defenderla."
ToTTó: "Tu no tienes por qué atacarla. Ella no te ha hecho daño alguno. No seas mala. Esa imilla es mi Cunumi. Yo la respeto como te respeto. Tu también debas respetarla. Tu y yo no somos mejores que ella. ¿Qué te pasa? ¿Crees que eres mejor que ella, porque haz nacido blanquita, en un buen hogar de sociedad? ¿Dónde está la caridad que tanto pregonas?"
========
Mi cuñada se quedó seria, pensando por un rato. Luego, con lágrimas en sus ojos me dijo:
========
Emiliana: "Tiene razón. Perdóname. No tengo escusa. No hablaré mal de ella, te lo prometo. La trataré bien, como dices que se merece."
========
La abracé y la besé tiernamente.
========
Emiliana: " Tu siempre viendo el lado bueno de las cosas. ¡Cuándo aprenderé! Sabes que te quiero mucho. Gracias por ayudarnos."
ToTTó: "No te pongas así. Quiero que estés feliz. Ella solucionó el problema de los perros. Simple. Tienes que comprar varias bolsas de esas bolitas de naftalina, esas que usas para las polillas. El olor lastima a los perros. No se acercarán al camión. Las pondremos dentro el hoyo y afuera en la madera."
Emiliana: "¡Vaya! Qué simple solución. Tengo que agradecerle."
ToTTó: "No es necesario. Más bien, regálale ropa de señorita. Eso quiere ella. Algo que no uses. Está vestida de Cunumi. No es bueno que viaje así, a La Paz."

Emiliana: "Tienes razón. Tengo mucha ropa que no uso. Habrás notado, he ganado de peso. Le regalaré toda esa ropa. Hasta tengo la maleta donde la pondré."
ToTTó: "La vas a hacer la mujer más feliz del mundo. Te lo agradezco."
Emiliana: "Yo soy quien debe darle las gracias. Se tienen que quedar unos dos días. Se quedan en casa."
ToTTó: "Gracias. Debes saber que no dormimos juntos."
Emiliana: "¿No todavía? Te conozco. La estás haciendo madurar. Tengo un dormitorio para ella. No hay problema."
ToTTó: "Tu sigues siendo la encantadora y bella mujer, que el tonto de mi hermano, no sabe apreciar."
Emiliana: "Me casé con él. Estaba enamorada. ¡Qué quieres que haga! En mi familia somos muy religiosos, no hay divorcio. Tu lo sabes. Si yo no fuera mucho mayor que tu . . ."
=========
Emiliana regaló a Marirosa una maleta llena de linda ropa. Hizo que ella se pruebe cada una, para ver si le quedaba bien. La ropa era perfecta para mi Cunumi. Era increíble lo bien que le sentaba la ropa. Marirosa, era una linda mujer, una hermosa modelo.

Pasamos dos lindos días visitando la ciudad. En la calle, los hombres volteaban la cabeza para mirarla. Ella caminaba airosa, muy contenta, tomada de mi brazo. Nadie hubiera pensado que era mi Cunumi. Cariñosa mujer, simple, humilde, que me enseñó como cortar una sandía. Como es tan fácil cambiar lo malo en bueno. Enseño a mi cuñada que no basta hablar de la caridad, como ella pregonaba, que hay que forjarla.

El Viaje en Camión a La Paz

El camión estaba preparado de tal forma que, desde la cabina yo podía comunicarme con mi hermano, usando un trasmisor y receptor portátil, (Walkie-Talkie).

No supe cuándo, ni cómo, ellos entraron, en el hueco del camión. Era un viaje de 9 horas, a la velocidad del Camión, sin parar, por camino de tierra, no muy bien conservado.

Antonio de Pórcel Flores Jaimes Freyre

El chofer era un sirviente, de confianza, de la familia de mi cuñada. Llevábamos bastante de tomar y de comer para el camino. Un viaje bastante interesante por el paisaje del valle y después por las montañas. Debíamos pasar por Oruro, sin parar, hasta Viacha. Donde deberíamos desviar, hacia la línea del tren y esperar en un lugar estratégico que ya estaba preparado. El tren debería disminuir la velocidad, de manera que ellos pudieran abordarlo fácilmente.
Nosotros seguiríamos el viaje a La Paz, pasando la tranca de la policía política, en el Alto. En La Paz, Marirosa y yo debíamos bajarnos del camión y tomar un taxi a la casa de mis padres. El chofer debería llevar el camión a un garaje previamente arreglado.

Me quedé dormido con mi cabeza en el hombro de Marirosa. Cuando desperté, me di cuenta que pasaron varias horas y debíamos estar cerca de Oruro. Era una planicie, en el altiplano. Me di cuenta que no era en camino a La Paz. Esto me preocupó. Algo malo estaba pasando. Pregunté al chofer que se llamaba Pedro.
======
ToTTó: "Pedro. ¿Conoces bien el camino a La Paz? ¿Cuantas veces haz viajado en camión?"
Pedro: "Conozco un poco. Sólo he viajado una vez, hace tiempo y no estaba manejando."
ToTTó: "¿Estás seguro que vamos a La Paz?"
Pedro: "Hace una hora, en cruce, tomé el camino de la izquierda, como me dijo Don Carlos, tu hermano."
ToTTó: "Pará un rato. Creo que nos hemos a equivocado."
========
Llamé a mi hermano.

========
ToTTó: "Hola Carlos. Carlos, contesta por favor."
Una Voz: "Carlos está durmiendo. No ha dormido toda la noche. No debo despertarlo."
ToTTó: "Está bien. Que siga durmiendo. Gracias."
========
Sabia que era poco lo que Carlos podía hacer. Mejor que duerma tranquilo. Si él sabía que estábamos perdidos, haría un problema de difícil solución. Lo conocía. Marirosa me preguntó:

46

========
Marirosa: "¿Qué está pasando? ¿Por qué paraste el camión? Me dijiste que no pararíamos hasta Viacha."
ToTTó: "Creo que nos equivocamos de camino. Es mejor que volvamos al cruce. Debe haber una señal allá."
Marirosa. "No he visto ninguna señal. Dos caminos en el cruce. Uno recto y el otro doblando a la izquierda. ¿Preguntamos?"
ToTTó: "¿A quien preguntamos?"
Marirosa: "No sé. Alguien pasará por aquí. Creo que es mejor esperar. Si no estamos equivocados, no tenemos que volver al cruce, si estamos equivocados, ya no importa."
ToTTó: "¿Por qué dice que 'ya no importa'?"
Marirosa: "Por llegaremos después que el tren haya llegado a La Paz. El tren no nos va esperar."
ToTTó: "Tienes razón. Es mejor esperar y preguntar."
========
Felizmente no tuvimos que esperar mucho tiempo. Venía un camión de pasajeros yendo al cruce. Me paré al medio del camino, para que me vieran. El camión paró. Pregunté al conductor por el camino a La Paz.
========
ToTTó: "Perdone señor. Creo que estamos perdidos. ¿Es este el camino a La Paz?"
========
El conductor, sonriendo, me contestó:
========
El Conductor: "No señor. Ese es el camino a la mina de Huanuni. Ya les he dicho muchas veces que tienen que poner una buena señal en el cruce. Lo siento. Tiene que volver al cruce y tomar el camino recto que va a La Paz."
ToTTó: "¿Cuanto tardamos de aquí al cruce y del cruce al Alto?"
El conductor: "De aquí al cruce, con ese camión cargado, una hora y media. Del cruce a La Paz, unas 3 o 4 horas. El camino no está bien conservado. No pueden ir a mucha velocidad."
ToTTó: "Muchas gracias por la información. ¿Cuánto le debo?"
El conductor: "Ja. Ja. Ja. ¿Me quiere pagar? Somos arrieros, en el camino nos encontramos. Vaya, Con Dios."
========

Antonio de Pórcel Flores Jaimes Freyre

Ni que hacer. Teníamos que volver al cruce. El plan que hicieron, no servía. Con suerte, llegaríamos al Alto, entrada la noche. Marirosa me dijo:
========
Marirosa: "Tenemos que volver al cruce."
ToTTó: "¿Cómo sabes lo que él dijo?"
Marirosa: "Vi las señas, el señor del camión se estaba riendo."
ToTTó: "Eres muy buena observadora. ¿Dónde lo aprendiste?"
Marirosa: "Eso se aprende en la hacienda, cuidando a las vacas."
========
Llegamos al Alto a eso de as 9:30 de la noche. Paramos a la entrada de la pequeña población. Carlos me llamó por el trasmisor. No quise contestar, pues no tenía nada bueno que decir. Marirosa me preguntó:
========
Marirosa: "¿Qué hacemos ahora?"
ToTTó: "No lo sé. Tenemos que esperar hasta mañana. La tranca está cerrada. A esta hora, nadie pasa a la ciudad."
Marirosa: "¿Cómo están ellos?"
ToTTó: "No lo sé. Carlos me llamó, pero no quise contestar. ¿Qué le puedo decir? Es mejor que no sepan lo que está pasando."
Marirosa: "Tenemos que hacer algo. Ellos se van a poner muy nerviosos. Eso es peligroso. ¿Ves allá? ¿Esa casa grande, con luz?"
ToTTó: "Si la veo. ¿Por qué preguntas?"
Marirosa: "Debe haber alguien, que pueda ayudarnos. Esa gente vive aquí. Ellos deben saber."
ToTTó: "Puede que si. Pero es peligroso. También puede delatarnos y nos toman presos a todos."
Marirosa: "Eso es vedad. Pero me haz enseñado a no tener miedo. Igual nos pueden pescar aquí, en el camión. ¿Por qué no vamos a preguntar? Tu sabes hablar muy bonito, los vas a convencer."
ToTTó: "Tienes razón. No podemos quedarnos sin hacer algo. Vamos."
Marirosa: "Espera deja que me arregle un poco. Estoy despeinada."
ToTTó: "Mejor así. Van a ver que estamos de viaje. No te arregles. Vamos."
========

Dejamos al chofer y al camión parado al borde del camino y nos acercamos a una reja grande. La casa era enorme, no se la veía desde afuera. Parecía una fábrica, una bodega, un almacén, un depósito de mercancías.

No había timbre en la puerta grande de fierro. Marirosa alzó una piedra y tocó tres veces la puerta. Esperamos un momento. Volvió a tocar, esta vez, un poco más fuerte.

Se abrió una pequeña ventanilla, en la puerta. Una señora preguntó:

========

La Señora: "¿Quién es? ¿Quién toca la puerta a está hora?"

Marirosa: "Pue, mi señora. Discúlpeme pue. Estamos perdidos. Pue. Nos ayuda por favor."

La Señora: "Quienes son ustedes."

Marirosa: "Viajamos desde San Cruz a La Paz."

La Señora: "¿Tu eres cruceña?"

Marirosa: "Si señora, Pue. Soy una Cunumi, de Santa Cruz."

La Señora: "Yo también soy cruceña. Pero no soy una Cunumi. ¿Qué necesitan?"

ToTTó: "Perdone señora. Este asunto es un poco delicado. Le seré franco y le digo la verdad. Quizás es mejor que usted hable con su esposo. Estamos en peligro. Mi hermano y dos de sus amigos están perseguidos por la policía política. Estamos tratando de llegar a La Paz, para que se refugien en una embajada. Si los toman presos es probable que los maten. Usted sabe como están las cosas. Es peligroso para ustedes. Hable con su esposo primero. Si no pueden ayudarnos, ya veremos lo que podemos hacer."

La Señora: "Pero que barbaridad. Es increíble lo que usted me dice. No sabe con quien está usted hablando. Mi marido es del comando del Alto. Somos de la Cobana, este es el depósito. Están en la boca del lobo. ¡Dios mío! Qué puedo hacer."

Marirosa. "Gracias por decirnos la verdad. No tienen que ayudarnos."

La Señora: "¡Claro que tenemos que ayudarlos! Es nuestra obligación. No podemos quedarnos de brazos cruzados, esperando que los tomen presos. No me importa lo que hicieron. Somos gente buena. Somos cristianos, católicos. Hablo con mi marido."

========

Antonio de Pórcel Flores Jaimes Freyre

Marirosa me apretó la mano. Esperamos un momento. Se abrió la puerta y salió un señor bajito, un poco rechoncho, de buena cara. en sus pijamas y sin zapatos. Detrás de él, su señora.
========
El Señor: "Me lamo Octavio. Soy el director del comando y el gerente de Cobana en el Alto. Mi señora me dijo que ustedes están tratando de hacer escapar a perseguidos por la policía política. ¿Es eso verdad? No lo puedo creer."
Marirosa: "Pue. Así es señor Octavio."
ToTTó: "Estamos ayudándolos. Uno es mi hermano mayor. Hicieron una estupidez en Cochabamba."
Octavio: "Ya veo. Usted es un chiquillo y ella una niña. ¿Me dice que usted, está ayudando a su hermano mayor?"
ToTTó: "Si señor, así es."
Octavio: "Hombre. Yo hubiera querido tener un hermano menor como usted. A mi también me han perseguido y nadie me ha ayudado entonces. Casi me matan. Tuve suerte."
Marirosa: "Parece que también nosotros tenemos suerte con ustedes."
La Señora: "Pasen, no nos quedemos, en la puerta. Es peligroso."
========
Entramos a la casa. Un salón grande muy bien arreglado.
========
La Señora: "Deben estar muy cansados del viaje, enseguida traigo algo de comer y de tomar. Siéntense, por favor."
========
Nos sentamos. Octavio nos dejó solos por un momento y volvió vestido y con zapatos. La señora trajo café y galletas.
========
Octavio: "¿Dónde se encuentran los perseguidos?"
ToTTó: "Están ocultos en el camión, parado al frente."
La Señora: "Es peligroso. Octavio, tiene que entrar ese camión antes que la patrulla lo vea."
Octavio: "Tienes razón Guillermina. No pensé en eso. Vaya usted a traer el camión, yo abro la puerta. Hay bastante campo donde estacionarlo. Apúrese."
========

Corrí al camión y le dije al chofer que lo meta a ese galpón. No hubo problemas. Entré a la cabina y llame a mi hermano.
========
ToTTó: "Carlos. Contesta por favor."
Carlos: "¿Qué está pasando? Hace rato que te estoy llamando y nadie contesta. ¿Donde estamos? Está oscuro. ¿Es de noche? ¿Que pasó con el tren? ¿Qué tontera estás haciendo ahora? Sabes que estamos en peligro, no es hora de sonsear. Tienes que tener más responsabilidad."
ToTTó: "Cálmate y óyeme, sin decir palabra. Estamos en la casa del gerente de la Cobana, en el Alto. Ellos nos van a ayudar a llegar a La Paz. Tienen que bajarse. No tengan miedo. Ya está arreglado y no es peligroso. No trates de hacerte el machito. Es mejor que se queden callados. Yo me encargo. ¿Me entiendes? Dime si me entiendes y que estás de acuerdo. Es la única manera. Ahora yo soy el encargado. Ustedes hacen lo que yo diga. Si no quieres que sea así, los dejo y me voy a La Paz. Ustedes se las arreglan como puedan."
Carlos: "Te pusiste serio y enojado. No te conocía así. Dices que no hay peligro. Esta bien. Haremos como tu quieres. Ojala sepas lo que estás haciendo."
ToTTó: "Salgan del camión, saluden y agradezcan, Ellos se están exponiendo por ayudarnos. Son gente buena. No tengan miedo."
========
No hubo problema alguno. Dormimos en los sillones de la sala y en el suelo. Al amanecer, Guillermina había preparado un desayuno simple: café con leche, pan con mantequilla y huevos fritos.

Octavio tenía que llevar en su camioneta, a los tres perseguidos. No había peligro porque él no tenia que parar en la tranca del Alto, porque lo conocían. Más tarde, Guillermina nos liba a llevar a La Paz en su auto. Durante el desayuno Octavio me preguntó:
========
Octavio: "¿Qué piensan hacer con el camión?"
========
Carlos ya iba a contestar, le hice una seña para que se quede callado y me entendió.

Antonio de Pórcel Flores Jaimes Freyre

========
ToTTó: "El camión se queda para usted. Será fácil cambiar las placas y ponerlo a su nombre. De todos modos, no tenemos donde ponerlo. Ya cumplió su cometido. Gracias a ustedes."
Octavio: "No me esperaba eso. Ese camión vale mucho dinero y mucho mas con toda la madera. ¿Está usted seguro que quiere que me lo quede?"
ToTTó: "Segurísimo. Es lo menos que podemos hacer. No sabemos como agradecerles. Ustedes se están poniendo en peligro por ayudarnos."
Octavio: "Bueno, si es así, me lo quedo. Yo soy quien les da las gracias."
========
Carlos me dio una de sus miradas, pero se quedó callado. Ya sabia que él iba a decirme algo acerca del camión. Marirosa me miró sonriendo. Se dio cuenta de la miradita de mi querido hermano.

Terminado el desayuno, Octavio los llevó a La Paz. Nos quedamos con Guillermina.
=========
Guillermina: "Hija. ¿Quieres arreglarte un poco? Tenemos una ducha, pero el agua es fría."
Marirosa: "Gracias Doña Guillermina. En la hacienda siempre nos bañamos con agua fría y con tutuma. En la casa del patrón hay 3 baños con duchas, de agua fría. Mucho calor en Santa Cruz."
Guillermina: "Ya lo se. Te dije que soy cruceña. Hace mucho tiempo que no voy a Santa Cruz."
Marirosa: "Hace cuánto tiempo que usted vive acá"
Guillermina: "Vine de chica, de tu edad. Vamos, te muestro la ducha y el baño. Ahí te arreglas como quieras."
Marirosa. "Gracias, me cambiaré traje para llegar a La Paz. Voy al camión a traer mi maleta. Vuelvo enseguida."
========
En La Paz
Guillermina nos dejo en la puerta de la casa de mis padres. No quiso entrar. La puerta de entrada, que siempre estaba sin seguro, ahora está con doble seguro. No me llamó la atención, estando los perseguidos ahí.

Toqué el timbre. Lucila, que me crió desde que nací, nos abrió la puerta.
========
Lucila: "Totito querido. Ya estás de vuelta. Estábamos muy preocupados por ti. Esas mujeres tontas, nos has hecho asustar sin motivo. Estaban como locas, llorando y gimiendo. Llegaron en el tren y no sabían lo que había pasado con ustedes. Tu Mamá Hortensia trató de calmarlas. Les dijo, en mi delante, que estén tranquilas, que, si tu estabas encargado, no debían preocuparse. Tu sabes hacer bien las cosas. ¿Quien es esta señorita tan elegante? Tu siempre andas con lindas mujeres."
Marirosa: "Buenos días señora. Soy Marirosa, soy la Cunumi de mi ToTTó. Estoy feliz de conocerla. Usted debe ser la señora Lucila. ToTTó me ha contado de usted, él la quiere mucho."
Lucila: "Cómo no me va a querer. Yo lo he criado, es como mi hijo. No me llames señora, Lucila es suficiente. Si vienes con mi Totito, eres bienvenida. Esta es tu casa y esta es tu familia."
Marirosa: "Gracias Lucila. Entonces yo soy como tu hija. Eso me gusta mucho."
========
Mi mamá me estaba esperando, muy contenta de verme. Me dijo:
========
Hortensia: "Sabía que todo iba a salir bien. Ya me contarás los detalles. Eso no tiene importancia. Esta niña debe ser la hija del Tío F.. Me llamó diciéndome que viene contigo, él vendrá el próximo mes."
ToTTó: "No tenían un buen plan, pero felizmente todo salió bien. Ahora es cuestión de ellos. Marirosa es mi Cunumi."
Hortensia: "¿Qué dices? ¿Tu Cunumi? ¿Una niña tan linda? ¿Estás loco?"
Marirosa: "Si. Mama Hortensia. Soy su Cunumi. Si. Estamos los dos locos. ¿Puedo llamarte Mama Hortensia?"
Hortensia: "Vaya que si están locos. Puedes llamarme Mamá Hortensia. Bienvenida a tu casa y a tu familia. Te estaba esperando. Eres valiente, haber viajado con esos tontos, en ese camión."
ToTTó: "No sólo ha viajado. Si nos es por ella, no hubiéramos estado acá. Ya te contaré los detalles."
Marirosa: "Mamá Hortensia, él es un exagerado."

Antonio de Pórcel Flores Jaimes Freyre

Hortensia: "Si ya lo sé. Pero debe ser cierto que lo haz ayudado. Nuca miente."
Marirosa: "Si. Eso me está enseñando, a decir siempre la vedad sin tener miedo. Me ha dicho que tu le enseñaste a respetar a la mujer. Gracias Mamá Hortensia."
=========

El segundo piso de la casa de mis padres, tenía seis dormitorios: un para mi tío Alberto, hermano de mi madre, tres para mis hermanas, cuando ellas estaban solteras. Estaban casadas y tenían sus casas. El el quinto dormitorio era de mis padres, el sexo era mi dormitorio. Carlos y sus amigos, con sus esposas, ocupaban tres dos dormitorios, mi tío en su dormitorio. Yo no quería dormir con Marirosa.

En el primer piso, estaba el salón grande, el comedor para visitas y para las fiestas, un comedor de diario. La oficina y biblioteca de mi padre y un cuarto pequeño, cerca de la cocina, donde se alojaban algunos visitantes, cuando todavía vivían en la casa mis hermanas. Ese cuarto estaba desocupado, porque nadie lo usaba. Pedí a Lucila que arregle ese cuarto para mi.

Marirosa comprendió que no debíamos dormir juntos Cuando se enteró que yo dormiría abajo, no quiso aceptar mi dormitorio en el segundo piso y escogió el cuarto pequeño del primer piso.
=========
Marirosa: "Yo duermo en el cuarto de abajo y tu en tu dormitorio y se acabó. Soy tu Cunumi, no te olvides. Además, no es cómodo dormir, cerca de toda esta gente."
ToTTó: "Hay dos baños completos arriba y un baño pequeño abajo. Será más cómodo para ti que duermas arriba."
Marirosa: "Qué chistoso que eres. Ja. Ja. Ja. ¿Cuántos baños completos crees que yo tenía en la hacienda? Nos bañábamos en el río y era lindo."
ToTTó: "Te llevará tiempo acostumbrarte a la ciudad."
Marirosa: "Me acostumbraré rápido, ya lo verás. Me gusta la ciudad. ¿Cuándo vamos a dormir juntos?"
ToTTó: "Eso depende si estamos enamorados, hace poco tiempo que nos conocemos."

Marirosa: "Es bastante para mi. Yo estoy enamorada de ti. A ti te falta. Si necesitas más tiempo, está bien. Te puedo esperar. Ya te dije muchas veces que soy tu Cunumi. Pero antes de dormir, cada noche, me tienes que besar. Sino no voy a poder dormir."
ToTTó: "Esta bien así, 'Princesa'."
Marirosa: "No me llames princesa. Soy tu Cunumi. ¿Por qué no me entiendes?"
ToTTó: "Claro que te entiendo. Me gusta mucho que seas 'mi hermosa Cunumi.' Pero también eres mi Princesa."
Marirosa: "¿Que va a pensar la Lucila si no dormimos juntos?"
ToTTó: "Va ha pensar que te respeto mucho, porque eres una señorita."
Marirosa: "Eso me gusta. Te voy a extrañar. Yo solita allá arriba. Prefiero ese cuarto abajo, cerca de la cocina, cerca de la Lucila. Tu duermes arriba, es tu dormitorio."
ToTTó: "Está bien si así lo quieres."
Marirosa: "No lo quiero así. Quiero dormir contigo, pero tengo es esperar." *(Esta es otra anécdota que merece otro capítulo.)*
========>>>>>>
Me dedique, 8 horas al día, a enseñar a leer y a escribir a Marirosa. A los pocos días, ya sabía el abecedario, de memoria, la pronunciación de las sílabas y podía escribir fácilmente su firma. Cuando aprendió a leer de corrido, en voz alta, con excelente pronunciación, estaba lista para empezar a estudiar en la escuela secundaria. Las clases empezaban los primeros días de enero. Había tiempo, para que lea algunos libros de la biblioteca de mi padre y practique escribiendo sus ideas acerca de lo que leía, como yo le había enseñado.

Así pasaron los días. Mi papá me recomendó a su amigo L., que era jefe del Departamento de Identificación. Marirosa y yo fuimos a su oficina. Fácilmente conseguimos sus documentos de identificación, con el nombre de Marirosa Flores Roca y una recomendación para inscribirla en la escuela secundaria Azurduy, para señoritas,. La inscribí en el cuarto grado de secundaria. Ella estaba feliz, firmó los documentos necesarios y volvimos a la casa.
========

Antonio de Pórcel Flores Jaimes Freyre

Marirosa: "Gracias. Gracias mi ToTTó. Ahora ya soy señorita. Estudiaré mucho en la escuela. Quiero ser una buena profesora cuando termine la universidad. Pero seguiré siendo tu Cunumi. No te olvides."
ToTTó: "No creo que lo pueda olvidar. Me lo vas repitiendo muchas veces. Eso me gusta."
========
Los Exilados

Carlos y sus dos amigos se exilaron en la embajada. Tenían que quedarse ahí, hasta que el gobierno, les de su salvoconducto. No sabían cuanto tiempo tardaría ese salvoconducto.
Emiliana, mi cuñada y su prima Julieta se quedaron en La Paz, en casa de mis padres, cada una en su dormitorio. Rina, la esposa del tercer amigo, volvió a Cochabamba.

No sabía que las primas, Emiliana y Julieta, eran muy amigas desde chicas. Les cuento esto porque, una noche, Julieta se presentó en mi dormitorio. Yo estaba recostado en mi cama, leyendo.
========
Julieta: "¿Puedo entrar? ¿Que estás leyendo?"
ToTTó: "Claro que puedes entrar, ponte cómoda. Estoy volviendo a leer: 'Las Mil y Una Noches.'"
Julieta: "Esos son cuentos para niños. Los leí cuando tenía seis años. Ali Baba, Aladino. Debes leer libros más serios."
ToTTó: "Haz debido leer la edición para niños. Esta es la edición para adultos, prohibida para niños."
Julieta: "No te creo. Te estás burlando de mi."
ToTTó: "Toma. Lee y te darás cuenta que no me estoy burlando de ti. Te respeto por que eres mujer."
Julieta: "Me respetas sólo porque soy mujer."
ToTTó: "Eso es más que suficiente para mi."
Julieta: "¡Qué chistoso eres! Dame el libro."
========
Me senté en la cama y le di el libro. Ella se sentó a mi lado y empezó a hojear el libro.
========
ToTTó: "Lee el prefacio y te darás cuenta."
Julieta: "¿Qué página?"

Colección de Anécdotas Amoroso Sexuales Anécdotas: 46 -53

ToTTó: "Ve el índice al final del libro."
========
Leyó el Índice y el prefacio y me dijo:
========
Julieta: "Esto es vergonzoso. Esas ilustraciones. ¡Qué barbaridad!"
ToTTó: "Te dije que es la edición para adultos. Si te escandalizas, no sigas leyendo. Dame el libro y cuida tu inocencia."
Julieta: "Ahora si te estás burlando de mi. ¿Crees que no te conozco? Se lo que hacías con mi prima. Emiliana me lo ha contado hace mucho tiempo."
ToTTó: "¿Si lo sabes, entonces porque te escandaliza este libro?"
Julieta: "Porque nunca he creído lo que ella me contaba. Pensaba que ella sólo quería, que yo me antoje. ¿Es verdad que lo que ha contado?"
ToTTó: "Eso tienes que preguntarle a ella. No debemos ni podemos hablar de ella, si ella está ausente. Si quieres la llamo y le preguntas."
Julieta: "¿Estás loco? No la llames. Me muero de vergüenza si la llamas. Le prometí no contarlo."
ToTTó: "Veo que sabes cumplir tus promesas."
Julieta: "No sea malito. Te lo dije en confianza por que estoy muy curiosa. Te encuentro leyendo este libro con esas ilustraciones. Llegas a tu casa, con una niña muy linda, que creo esta enamorada de ti. ¿Qué quieres que piense? ¿Quieres que me quede tranquila, con esa curiosidad que me está carcomiendo?"
ToTTó: "Quiero que seas franca conmigo y me digas la verdad sin miedo. Dime lo que quieres. ¿Por qué haz venido a mi cuarto?"
Julieta: "Ya te lo dije. Por que estoy curiosa."
ToTTó: "Dime que es lo que quieres, de frente, sin miedo. Eres libre, puedes hacer todo lo que quieres. Te dije que te respeto y respeto tu libertad y tus deseos. Quiero que seas honesta contigo misma y conmigo."
Julieta: "Bueno. Si lo pones así, tendré que decirte lo que quiero, pero me da vergüenza."
ToTTó: "Si te respetas a ti misma, respetas tus deseos, tus sentimientos, tus antojos, no tienes porque tener vergüenza. Decir la verdad, puede que cause problemas, pero no te tienes que avergonzar de decirla."

Antonio de Pórcel Flores Jaimes Freyre

Julieta: "Ya me dijo mi prima que eres diferente. Quiero que hagas conmigo lo que haz hecho con ella. ¿Quieres hacerlo ahora?"
ToTTó: "Me gustaría mucho. Eres una mujer maravillosa. Si quiero hacerlo, pero no esta noche."
Julieta: "¿Por qué no eta noche? Estamos solos. Todos están durmiendo."
ToTTó: "Eso es verdad. Estamos solos. Pero no es eso. Me haz dicho que crees que Marirosa está enamorada de mi. ¿Verdad?"
Julieta: "Si. Eso creo y no estoy equivocada. ¿Qué tiene que hacer eso, con nosotros ahora?"
ToTTó: "Respeto a Marirosa y a sus sentimientos, como te respeto a ti y a tus sentimientos."
Julieta: "No te entiendo. Explícame, por favor."
ToTTó: "Para tener las relaciones que quieres, tengo que avisar a Marirosa primero. Que ella sepa lo que estoy haciendo, que esté segura que no la estoy engañando. Se lo he prometido y yo si cumplo mis promesas. Lo hacemos mañana en la noche si quieres."
Julieta: "¡Cómo! ¿Le vas a decir que vamos ha estar juntos mañana en la noche? No te puedo creer. Se va enojar y va a sufrir, se va a poner celosa."
ToTTó: "No tiene porque enojarse ni ponerse celosa. Ella respeta mi libertad y yo respeto la de ella. Cuando realmente quieres a una persona, siempre quieres que esa persona sea y esté feliz."
Julieta: "¿Qué pasa si ella quiere estar con otro hombre?"
ToTTó: "Es libre de hacerlo. Por respeto, sólo tiene que decírmelo antes de hacerlo. Sin engaño, ni mentira, sin la necesidad de ocultar lo que ella quiere. Si lo hiciera de ocultas, se estaría engañando a si misma y estaría engañándome. Eso querría decir que no me quiere ni me respeta. El amor no puede existir, si existe el engaño. No debe ni puede haber engaño en el amor."
Julieta: "¡Wau! No he oído eso antes. Para estar conmigo, tienes que decirle a ella, porque la respetas y eres honesto, no tienes miedo decir la verdad. ¿Es eso lo que me estás diciendo?"
ToTTó: "Si, eso mismo. Si ella sabe, entonces, tu yo podemos hacerlo abiertamente, como se debe hacer. No de ocultas."
Julieta: "Ja. Ja. Ja. ¡Abiertamente! ¡No de ocultas! Si mi marido se entera, me mata. Sé que él tiene sus amantes. Sé que no me dice la verdad, sé qué se engaña y me engaña. ¿Pero que puedo hacer?"

Colección de Anécdotas Amoroso Sexuales Anécdotas: 46 -53

ToTTó: " Si te respetas a ti misma, lo único que puedes hacer, es no seguir su ejemplo. Se lo dices de frente, antes de hacerlo, pase lo que pase. Muchas veces, cuando haces lo que quieres, tienes que pagar su precio."
Julieta: ¿"Quieres que vaya mañana a la embajada y le diga que voy a dormir contigo?"
ToTTó: "Quiero que tu hagas lo que quieres, sin engañarte y sin engañar a persona alguna."
Julieta: "¿Sabes que Emiliana te quiere mucho?"
ToTTó: "Si, lo se. Yo la quiero mucho. Siempre la he querido. Me apena que no sea feliz."
Julieta: "Tampoco soy feliz."
ToTTó: "La felicidad está dentro de ti. Una es feliz cuando, libremente, puede hacer lo que quiere y no hacer aquello, que no quiere hacer."
Julieta: "Esta bien. Me haz convencido. Le dijo a mi marido que quiero dormir contigo. Tu le dices a ella que quieres dormir conmigo y listo. ¿Si él me dice que no puedo hacerlo?"
ToTTó: "Si tu marido te dice, que no puedes hacerlo, entonces no eres libre. Le perteneces, eres SU MUJER, su propiedad."
Julieta: "Eso no me gusta. Soy propiedad de nadie. Si esposo me dice eso, lo mando al diablo y se acabo. Ya es bastante. Me estás abriendo los ojos. Hay Dios. ¡Qué tonta soy! Gracias. Hasta mañana. Sigue leyendo tu libro, cuando lo acabes me lo prestas."
ToTTó: "Lo he leído muchas veces. Toma, te lo regalo."
=========
Antes de que salga del cuarto, besé sus ojos delicadamente. Julieta me besó con toda pasión, tomó el libro y salió corriendo. *(Esta es otra anécdota digna de otro capítulo.)*

Fin de la Anécdota.

>>>> * * * * <<<<

Antonio de Pórcel Flores Jaimes Freyre

*Era masajista,
asistente del entrenador
del equipo femenino,*

Me convenía.

*Las horas de masaje servían
obtener mi licencia del estado.*

Anécdota 47 (V05-C40)
Carmela y Rosi
(1978)
San Bernardino, Los Ángeles Belmont
Profesora de Escuela

Mi sueldo en la universidad no me alcanzaba para cubrir todos mis gastos mensuales. Tenía que mantener la casa grande de Belmont, donde vivían mis padres, mi hermana Teresa, sus dos hijas y mi hija Cecilia. Felizmente mis gastos personales, no eran muchos, me alcanzaba lo que ganaba. Era consultor, en varias escuelas de la localidad, ayudando las profesoras con los programas de educación bilingüe. Me pagaban bastante bien, pero recibía mi dinero con bastante atraso, parte del sistema administrativo de las escuelas.

Dos escuelas quedan en ciudades a dos horas de camino de la universidad. Una Riverside, la otra en San Bernardino. Visitaba cada una, un día por semana, tres veces al mes. Mis visitas duraban 6 horas. Tenía que manejar la furgoneta a las 6 de la mañana para llegar a las escuelas a las 9. Este horario, me daba tiempo para desayunar en un restaurante.

Aconsejaba a la administración de las escuelas acerca del programa bilingüe, trabaja con profesoras, revisando el Curriculum, dando consejos acerca de los cambios necesarios y evaluando el rendimiento de los alumnos. Los directores sabían que, mis informes al departamento bilingüe de Washington, eran importantes, ya que de ellos dependía, en dinero que las escuelas recibían.

En realidad, era un trabajo ameno, me daba la oportunidad de participar en la enseñanza bilingüe. Lo interesante para mi, aparte del dinero, era que estaba en contacto con las profesoras y con los alumnos.

En cada escuela la 'Directora del Programa Bilingüe' era la profesora encargada supervisar de la educación bilingüe: Trabaja directamente con ella. Sucedió que en San Bernardino, la 'Directora del Programa Bilingüe', se casó y dejo la escuela.

Antonio de Pórcel Flores Jaimes Freyre

El director de esa escuela me pidió, que si podía, recomendara a otra profesora bilingüe, para el puesto de: 'Directora del Programa Bilingüe'. Era un puesto administrativo, que tenía un sueldo mucho mejor.

========

El Director: "ToTTó, Mónika, 'Directora del Programa Bilingüe', se casó y dejo la escuela. Usted conoce a las profesoras mejor que yo. ¿A quien recomendaría usted para el puesto?"
ToTTó: "A ninguna profesora."
El Director: "¿Cómo dice? ¿Porque a ninguna?"
ToTTó: "Todas son excelentes. Es una pena sacar a cualquiera de ellas del aula. Es difícil conseguir buenas profesoras bilingües."
El Director: "Lo se muy bien. Pero el suelo de la 'Directora del Programa Bilingüe', es mucho mejor. Les conviene. Tiene un futuro mejor en la administración. Pueden llegar, si se esfuerzan, a ser subdirectoras y quizás directoras."
ToTTó: "Eso es verdad. La carrera administrativa es mejor. Siendo profesoras, por muy buenas que sean, se quedan ahí, con el mismo sueldo. Es una lástima que el sistema sea así."
El Director: "Si y no. Sin la administración las escuelas no tienen dinero. Sin dinero no se puede contratar profesoras. Usted las conoce. Seria bueno que la profesora, sea una buena profesora y tenga habilidad administrativa. ¿Que le parece?"
ToTTó: "No es justo que yo la recomiende. Todas deben tener la misma oportunidad. Si usted quiere, haré un simple cuestionario, un examen administrativo. La profesora que responda mejor, merecerá el puesto. Ustedes, revisan el cuestionario, lo modifican como les parezca."
El Director: "Muy buena idea. Una especie de examen de competencia. Prepare ese cuestionario, lo revisamos. Pongo un anuncio. Las que profesoras que tengan interés se inscriben, toman el examen. El puesto será para la que de el mejor ese examen."
ToTTó: "Una cosa más. Todas las profesoras deben saber con anticipación que tienen que dar un examen, si quieres el puesto."
El Director: "Tiene usted razón. Yo me encargo de los detalles. Usted preparé el cuestionario. Muchas gracias por su ayuda. Sabe que no le puedo pagar por esta consulta."

Colección de Anécdotas Amoroso Sexuales Anécdotas: 46 -53

Carmela la Profesora Bilingüe

Mencioné a Carmela, cuando ella ayudó a Rosi, mi amiga alemana. Fue cuando Rosi y yo llegamos a mi departamento nudista, en la ciudad de Riverside. *(Volumen 2, Páginas 59 a 72)*.

========

Mery, mi secretaria, por teléfono, me dijo:

========

Mery: "Doctor, una profesora de San Bernardino, que se llama Carmela, quiere hablar con usted. Dice que es urgente. Creo que sé, porque todas dicen que es urgente. Se la paso."

ToTTó: "Gracias Mery, por sus cometarios que son estimulantes. Pásemela, por favor."

Mery: "Ja. Ja. Ja. ¡Mis cometarios estimulantes! Lo que me faltaba. Usted no necesita estimulantes, se lanza a la deriva, como usted mismo dice. Se la paso ahora."

========

ToTTó: "Hola. ¿Cómo está usted Carmela? Un placer hablar con usted. ¿En qué puedo servirla?"

Carmela: "Doctor de Porcel. Disculpe que me atreví a llamarlo. Dije que es urgente, pero no lo es. Quiero que usted me ayude. Ojala le sea posible."

ToTTó: "Me gusta su franqueza y que aclare que no es urgente."

Carmela: "Bueno. No es urgente para usted, pero si lo es para mi. No sé como pedírselo. Me da vergüenza."

ToTTó: "En cuanto me lo diga de qué se trata, estoy seguro que se le pasará la vergüenza. Haga la prueba y lo comprobará."

Carmela: "¡Chistoso! Me dijeron que tenga cuidado con usted."

ToTTó: "Creo que soy yo quien tiene que tener cuidado."

Carmela: "Por favor. No se burle de mi. Si me viera. Estoy roja de vergüenza. No sé como me atreví a llamarlo."

ToTTó: "Bonito color."

Carmela: "Ja. Ja. Ja. ¡Qué ocurrencia! Se lo dijo de una vez."

ToTTó: "Aviéntese a la aventura, Carmela. Soy todo oídos."

Carmela: "Es una tontera mía. Mi amiga Lena, somos amigas desde niñas, se casa el Jueves y me ha invitado. La boda es en Los Ángeles a las 7 de la noche. Me da pena ir sola, pero tengo que ir. Usted vive allá. ¿Podría usted ir conmigo? Hay Dios."

Antonio de Pórcel Flores Jaimes Freyre

ToTTó: "Gracias por la invitación. Un honor para mi acompañarla. Usted quede tranquila."
Carmela: "¿Me lo dice de verdad? ¿Irá conmigo a la boda?"
ToTTó: "Usted ira conmigo, me está invitando. Gracias."
Carmela: "Gracias a usted, Doctor. El jueves es feriado, no hay clases. Estaba pensando manejar en la tarde, mas temprano. Pero no se de la vuelta. No manejo muy bien de noche. ¡Ayayay! No crea usted que quiero abusar de su amabilidad, pero quizás pueda quedarme en su departamento, duermo en el sillón. La boda va a terminar tarde."
ToTTó: "Si no maneja bien de noche, no es bueno que vuelva a su casa manejando. Pero, no puede dormir en mi departamento, porque no tengo departamento. Vivo en mi furgoneta."
Carmela: "¡Como dice! ¿Usted no tiene departamento y vive en esa camioneta vieja? ¿Se esta burlando de mi?"
ToTTó: "Carmela. Yo la respeto como mujer. Nunca me burlaré de usted. Se lo prometo. Le dije la verdad vivo en mi furgoneta hacen años. Pero eso no importa. Yo la llevo de vuelta a su casa en mi furgoneta vieja. Así usted no tiene que manejar."
Carmela: "No creo que eso es posible. Vamos a tener dos movilidades. No puedo dejar mi auto en Los Ángeles."
ToTTó: "En vez de venir en su auto, tome el autobús. El autobús tarda bastante, pero es feriado, usted tiene el tiempo. Yo la recojo. Llama por teléfono y le dice a Mery, mi secretaria, a que hora llegará el autobús. En la noche yo la llevo a su casa."
Carmela: "¡Humm! Tiene razón. No tengo que manejar. Además, puedo vestirme para la boda, si no manejo. Así es mejor. Llamo a Mery, su secretaria y usted me recoge."
ToTTó: "Ese es el plan."
Carmela: "No sé como le puedo agradecer. Estaba tan nerviosa y apenada de no poder ir a la boda. Muchas gracias. Entonces lo veo el Jueves, en la tarde."
ToTTó: "Así es Carmela. Nos vemos este Jueves."
========
Mery oía todas mis conversaciones y tomaba notas. Me dijo
========
Mery: "'Carmela va a llamar el jueves, avisando a que hora llegará el autobús de San Bernandino, a la estación de los Ángeles. Tiene que ir a recogerla, no se olvide."

64

ToTTó: "Gracias. Si me olvido, por favor me hace recuerdo."
Mery: "Ya sabia yo cual era la urgencia. Una más que usted tiene que ayudar. No se le escapa ni una. No puedo entender porque lo persiguen las mujeres. No sé qué es lo que ven en usted. No se preocupe, le haré recuerdo. Pero no me pida que vaya a recogerla. Ese es su pastel, no es el mío. Usted se lo come."
========

Fuimos a la boda que era en Palos Verdes, una parte de Los Ángeles de bastante lujo. Una linda fiesta. Carmela estaba muy elegante y muy contenta. Me presentó a los novios, haciendo sonar mi título de Doctor.

Después de la boda, el baile era un salón grande. La fiesta estaba amenizada por un grupo de Mariachis, que tocaban muy bien. El director del grupo me conocía. En varias ocasiones, contraté al grupo, para amenizar las conferencias y algunas reuniones de profesoras. Fermín, el director del grupo se acercó y me dijo:

=======
Fermín: "Don Antonio, un placer verlo. ¿Cómo ha estado?"
ToTTó: "Bien por suerte Fermín. Me alegro que este su banda acá. Hace tiempo que nos oía tocar."
Fermín: "La novia es mi sobrina."
ToTTó: "Lo felicito. Linda mujer. Debe estar muy orgulloso."
Fermín" "Si lo estoy muy orgulloso. Hay un piano. Porque no toca usted algunas canciones para los novios. Hace tiempo que no lo oigo tocar. Espere un momento. Ahora mismo lo anuncio."
========
Me dejó parado, sin chance de contestar. Ni que hacer. Fermín anuncio:
========
Fermín: "Señoras y señores. Tengo el placer de anunciar la presencia del Doctor de Antonio Porcel, un gran pianista, que nos va a deleitar con unos boleros románticos, dedicados a los novios. Un aplauso por favor."
=========

Antonio de Pórcel Flores Jaimes Freyre

Carmela, que estaba parada a mi lado, me miro de pies a cabeza. Me dio un fuerte pellizco en el brazo, diciendo:
========
Carmela: "Un Doctor que vive en su furgoneta. Viene de acompañante. No conoce a los novios y ahora es el escogido de la fiesta. Te lo tenías bien escondido. Por eso me acompañaste. Tu eras el invitado de honor. Yo sonsa, con miedo que me rechaces, pidiéndote que me acompañes. De esta no te libras. Ahora mismo vamos al piano. Tu tocas los boleros que te diga y yo canto. Así aprenderás a no burlarte de mi."
========
Parece que es mi destino. Tropezarme con lo desconocido. Me quedé callado. Fimos al piano. Carmen cantaba precioso, me fue fácil acompañarla. Los Mariachis nos acompañaron. Los novios y los invitados bailaron muy contentos. Todos aplaudieron a la cantante. Fue una fiesta para ella.
========
Después de la fiesta, Carmela me dijo:
========
Carmela: "Perdona que me haya enojado contigo y que haya pellizcado. Estaba equivocada. Hable con mi tío y me dijo que tu no estabas invitado. Se sorprendió al verte. Le dije que eras mi pareja. Se puso muy contento. Dice que te conoce."
ToTTó: "No tienes porque pedir perdón. Parece que, pellizcar es parte de tu carácter. Pellizcas bien y cantas muy lindo. Te felicito."
Carmela: "Te lo tenías bien guardado. No saben en la escuela que tocas el piano tan lindo."
ToTTó: "Gracias. Te llevo a tu casa, antes que sea más tarde."
Carmela: "No quiero que manejes. Podemos dormir en la furgoneta. Tu cama es ancha. ¿Dónde la estacionas para dormir?"
ToTTó: "En la universidad. No hay peligro."
Carmela: "Mañana me llevas. Ahora estoy muy cansada."
ToTTó: "Como tu quieras. Cuando estás conmigo, puedes hacer todo lo que quieras. Yo también puedo hacer todo lo que quiera. ¿Estás de acuerdo?"
Carmela: "Si. Estoy de acuerdo. Eso me gusta. Pero esta noche estoy cansada."

ToTTó: "Me haz interpretado mal. Somos amigos, nos conocemos un poco. Me gusta estar contigo, todavía no somos pareja."
Carmela: "¡Humm! Ya me dijeron que eres diferente. Cuando das un poco de confianza a un hombre, él cree que tiene el derecho de meterse en cama contigo. Tu no eres así."
ToTTó: "Ya te dije que te respeto, porque eres mujer."
Carmela: "¿Respetas a todas las mujeres, porque son mujeres?"
ToTTó: "Si. Mi mamá me lo ha enseñado desde que yo era chico. También respeto a los hombres y me respeto a mi mismo."
Carmela: "¿Crees que llegaremos a ser una pareja?"
ToTTó: "Me gustaría, pero ni tu, ni yo, lo sabemos. Tenemos que conocernos más. Quizás nos enamoraremos. El tiempo lo dirá."
Carmela: "Me gusta mucho lo que dices. No tengo miedo de estar contigo. Yo también te respeto. Si me preguntan con quien fui a la boda: ¿Qué les digo?"
ToTTó: "La verdad. Si quieres que te respeten, siempre tienes que decir la verdad, aunque te de miedo o vergüenza."
Carmela: "Van a hablar en la escuela. Tu no las conoces."
ToTTó: "Que hablen lo que les de la gana, a mi no me importa. No te debe importar a ti. Ni tu ni yo, vivimos de ellas."
Carmela: "Tienes razón. No me importa. Les diré la verdad, muy orgullosa, para que aprendan."
========
Esa noche dormimos en la furgoneta. Carmen estaba tan cansada, que se quitó los zapatos, se hecho en la cama y se quedó dormida de inmediato.
La semana siguiente volví a la escuela de San Bernardino. Varias profesoras me miraron un poco raro. Era evidente que la noticia de la boda estaba todavía en el aire. Me llamó el Director.
========
El Director: "Gracias por mandar el cuestionario. Lo revisamos y está listo. Puse el anuncio, cinco profesoras están interesadas. La próxima semana hacemos el examen de competencia. Tome la lista de las profesoras que están interesadas. Si tiene algún comentario o sugerencia, por favor, me avisa."
ToTTó: "Gracias por tenerme al tanto. Si tengo alguna sugerencia, le haré saber. Espero que el examen de buenos resultados."
========

67

Antonio de Pórcel Flores Jaimes Freyre

Carmela no estaba en la lista. Era la mejor de las profesoras. Al fin del día, Carmela me estaba esperando junto a mi furgoneta.
========
Carmela: "No quise hablarte en la escuela. Es comentario general. Me han preguntado si eres mi pareja. Les dije que no. Que somos amigos. ¿Tienes que volver a Los Ángeles ahora? Si quieres, puedes te quedas conmigo. Vas a Los Ángeles mañana."
ToTTó: "Mañana tengo clases a las 9. El tráfico es muy denso. Tendría que salir a eso de las 6 de la mañana para llegar a hora.
Carmela: "Qué pena. Estaba ilusionada. Entonces vamos a cenar a mi departamento. Cocino, te va a gustar la comida. Tu descansas."
ToTTó: "Buena idea. Así conversamos. Estoy seguro que me gustará la comida. Vamos, yo te sigo."
Carmela: "Mejor anotas mi dirección, por si acaso."
========
Después de una rica cena estilo Mexicano, tomando buen café. conversamos.
========
ToTTó: "Me dieron la lista de las profesoras interesadas en concursar para el puesto de Directora de Departamento Bilingüe. No está tu nombre. ¿No te interesa?"
Carmela: "No me interesa. Prefiero quedarme de profesora con mis alumnos, así estoy más independiente. El sueldo es mejor, pero las responsabilidades son mayores. Tienes que aguantar al director y lidiar con las profesoras. El trabajo es administrativo. Puedo hacerlo, pero no me gusta. ¿Crees que debía aplicar?"
ToTTó: "No creo. Tienes que hacer lo que quieres. Si te gusta enseñar y estás mejor en la clase con tus alumnos, es mejor que te quedes de profesora."
Carmela: "Ya sabía que estarías de acuerdo. Gracias de todas maneras. Muchas profesoras me han preguntado. Dicen que tu haz preparado el examen. Que sería fácil para mi."
ToTTó: "Si eso dicen, es mucho mejor que te quedes de profesora."
Carmela: "Tienes razón. No pueden decir que hay favoritismos, porque somos amigos. ¿Qué vas ha hacer este fin de semana?"
ToTTó: "Creo que te dije que todos los viernes viajo a Belmont, a ver a mis padres y pasar el fin de semana con ellos."

Colección de Anécdotas Amoroso Sexuales Anécdotas: 46 -53

Carmela: "Me dijiste. Yo quisiera estar contigo."
ToTTó: "¿Quieres ir conmigo a ver a mis padres?"
Carmen: "Me gustaría, pero todavía no somos pareja. ¿Qué va a pensar tu Mamá?"
ToTTó: "Va a pensar que somos amigos y nos respetamos."
Carmela: "Sé que tienes muchas amigas. No soy la única ni quiero serlo. No quiero quitarte tu libertad. Sólo quiero estar contigo cuando sea posible. No soy celosa. Si otras mujeres están felices contigo, me alegro por ellas. Quiero que tu estés feliz."
ToTTó: "Yo también quiero que tu estés feliz. Tu felicidad es muy importante para mi. Gracias por decirme que no eres celosa. Yo tampoco soy celoso. Si quieres estar con otras personas, puedes hacerlo. Sólo quiero que hagas lo que te hace sentir feliz."
Carmela: "¿Sabes? Tengo un enamorado. Es amigo de mi hermano. Dice que quiere casarse conmigo. Nos conocemos hace años, es primo de mi cuñada, la mujer de mi hermano. Pero yo no quiero casarme con él. Mi familia, especialmente, mi hermano, quieren que me case con él, que deje la escuela y vuelva a mi pueblo, para que sea una buena esposa. Yo no quiero, aunque él es bueno, trabajador, buen partido, como dicen. No es como eres tu. Si me caso con él pierdo mi libertad. Contigo soy libre y eso me gusta mucho."
ToTTó: "¿Te ha pedido que te cases con él?"
Carmela: "Si, muchas veces. Le dije que no estaba lista. Pero ahora ya estoy lista. Le voy a decir la verdad, que no quiero casarme con él. Voy a tener problemas con mi familia, pero ya no me importa. No me pueden obligar a hacer algo que yo no quiero. Tampoco quiero casarme contigo. Quiero que seamos pareja no mas."
ToTTó: "Yo también quiero eso, que seamos una linda pareja, libres de hacer lo que queramos. Si quieres ir conmigo a Belmont este fin se semana, te vengo a buscar el viernes en la tarde.
Carmela: "Si, quiero ir contigo a conocer tu familia, a tu Mamá. Puedo tomar el autobús, para que no hagas este viaje."
ToTTó: "Te vengo a buscar, es mejor así."
Carmela: "¿A qué hora vendrás?"
ToTTó: "A las 8 de la noche, vamos a restaurante, cenamos y seguimos viaje."
========

Antonio de Pórcel Flores Jaimes Freyre

Ese fin de semana, a eso de la 10 de la noche, viajamos a Belmont a ver a mis padres. Estaba acostumbrado a manejar de noche todos los viernes. Durante el viaje, Carmela durmió como un angelito. Llegamos a Belmont a las 6 de la mañana. Como era costumbre, mi mamá me estaba esperando con el desayuno listo. Carmela quedó, encantada con mi mamá.
========

Al año siguiente, terminé mi contrato en San Bernardino. Me ofrecieron un contrato mejor en las escuelas de Riverside. Tenía que quedarme dos o tres días visitando y asesorando en tres escuelas.

Alquile un estudio, en un edificio, donde los inquilinos eran nudistas. El estudio tenia: un dormitorio, cuarto de baño, una pequeña cocina, etc., etc.. Era cómodo y conveniente.

Carmela seguía de profesora. El último día que visite San Bernardino me dijo.
========
Carmela: "Ya no vas a venir. Me has dicho que tienes un estudio en Riverside. Quiero estar cerca de ti. Quizás tenga que ir a vivir a Riverside. ¿Que te parece?"
ToTTó: "Si eso quieres hacer está bien. Pero vas a tener que viajar todos los días."
Carmela: "He visto el mapa. No es lejos, una hora de ida y otra de vuelta, son dos horas cada día: ¿Como es tu estudio?"
ToTTó: "Vamos ahora si quieres verlo. Te advierto que te vas a sorprender."
Carmela: "Debes tener amiguitas. Eso no me sorprende. Vamos, quero conocer donde vas a estar."
========
Fuimos a Riverside. El estudio quedaba en un edificio de tres pisos con 20 Estudios independientes. En la planta baja un salón - comedor para fiestas. En el patio una linda piscina temperada. En la parte posterior estaba el estacionamiento. Estacioné mi furgoneta en el patio, detrás del edificio. Caminamos a la entrada del frente del edificio. Abrí la puerta e invite a Carmela a entrar. Dio dos pasos y se quedó parada, inmóvil.

========
ToTTó: "Pasa, no te quedes parada."
Carmela: "¿Que es esto? ¿Una de tus bromitas? ¿Vives aquí? "
ToTTó: "¿Por que dices eso?"
Carmela: "Ese letrero."
ToTTó: "¿Qué tiene de malo ese letrero?"
Carmela: '¡Cómo! ¿Qué tiene de malo? Dice que no entre si tengo problema de ver personas desnudas. "
ToTTó: "Sé lo que dice."
Carmela: "¿Es verdad o es una broma?"
ToTTó: "Es verdad. Si te ofende ver cuerpos desnudos, te pide que no entres. ¿Te ofende?"
Carmela: "Eso no sé. Nunca he visto personas desnudas en público. ¿Tengo que desnudarme yo también?"
ToTTó: "No tienes que hacerlo. No es obligatorio. Si quieres te desnudas, si no quieres, te bañas con abrigo y sombrero."
Carmela: "¡Qué chistosito! Somos amigos todo este tiempo, no me has vista desnuda ni yo a ti. Ahora, nos desnudamos en público."
ToTTó: "Si no quieres desnudarte, no tienes que hacerlo."
Carmela: "Si. Como no. Me ven vestida y van a pensar que tengo algún defecto físico o que soy una puritana. Que va. Entramos veo como es y si quiero me desnudo. No tengo miedo de mostrar mi cuerpo."
========
Entramos. Carmela revisó el edificio. Primero el salón - comedor. Subimos a mi departamento en el segundo piso. Se paró en la ventana mirando la piscina. Sin decir palabra, se desnudo frente a mi.
========
Carmela: "Quiero ir a nadar contigo. La piscina es tentadora Todos desnudos. ¿Tienes toallas?"
ToTTó: "Tengo toallas y todo lo necesario. Si quieres puedes ponerte un bikini, están en el ropero."
Carmela: "Tu si que eres. Ves, ya estoy desnuda. No necesito un bikini. ¿Qué haces ahí parado? Desnúdate. Vamos a la piscina. Me vas a presentar a tus amiguitas."

Antonio de Pórcel Flores Jaimes Freyre

ToTTó: "No tengo amiguitas aquí. Hace una semana, que lo alquilé. Conozco al Administrador y a su esposa. No me he bañado en la piscina todavía."
Carmela: "Si sólo conoces al Administrador y a su esposa: ¿Cómo es que ya tienes toallas, trajes de baño para mujeres y todo lo necesario?"
ToTTó: "La señora que vivía aquí, se fue sin pagar el alquiler. Iban a botar todas sus cosas. Ella había dejado sólo ropas de baño. Les dije que no era necesario que las boten. Llevé todo a una lavandería. Ayer recogí la ropa, está limpia y es casi nuevita. Puedes usarla si quieres."
Carmela: "No te puedo creer. Me traes a un edificio donde viven nudistas, lavas la ropa de baño de una mujer, me la ofreces, si me de vergüenza mostrar el mío ¡Quién te entiende!"
ToTTó: "Sólo te estoy dando alternativas."
Carmela: " No las necesito. Vamos a nadar. ¿Que esperas?"
========
Pasaron dos semanas. Fui a Riverside. Entré a mi departamento. Me acerqué a la ventana. Mi gran sorpresa. Carmela esta desnuda, sentada, tomado el sol en la piscina, conversando con el administrador. Abrí la ventana y la saludé, sonriendo. De inmediato vino a mi cuarto.
========
Carmela: "Por fin llegaste. Te estaba esperando. Llamé a Mery, tu secretaria, me dijo que venias. Quiero darte una sorpresa. Ven conmigo."
========
Me tomó de la mano salimos de mi cuarto. Caminamos unos pasos. Abrió el estudio al lado del mío.
=======
Carmela: "Pasa por favor. Este es mi estudio, al lado del tuyo. Voy a estar cerca de ti cuando vengas."
ToTTó: "¿Vas a vivir aquí, en medio de desnudos? ¿Qué va a decir tu familia y tu enamorado?"
Carmela: "¡Cállate! No tengo enamorado. Mi familia ya esta enojada conmigo. Soy libre y me gusta vivir aquí. Gracias a ti. Además, cuando vengas, estaremos juntos, ya hemos esperado mucho tiempo, ahora ya somos pareja, quieras o no quieras."

Colección de Anécdotas Amoroso Sexuales Anécdotas: 46 -53

ToTTó: "Tienes razón. Estoy enamorado de una linda profesora mexicana, que quiere vivir desnuda. ¿Qué te parece?"
Carmela: "Esta noche, dormimos juntos, desnudos. No te libras."
ToTTó: "Ja. Ja. Ja. La que no se libra, eres tu." *(¿Que pasó con Carmen, después de esa noche? Esta es una anécdota digna de otro capítulo)*
========

Fin de la Anécdota

> > > > > > * * * * * * < < < < < <

Antonio de Pórcel Flores Jaimes Freyre

Mary:
"No soy buena secretaria."

ToTTó:
"Te propongo lo siguiente.
En los próximos tres meses,
vas a la escuela de secretarias.

Escribo a máquina, 85 palabras
por minuto sin errores.

Si escribes mejor y más rápido,
te doblo el sueldo.

Esa será tu única responsabilidad,
durante estos tres meses.

¿Qué opinas?"

Anécdota 48 (V05-C41)
Ángela, Gloria, Rosa, Leticia, Antonia, Fabiene, Hanna, Jazmine
(1964 - 1965)
Un Bohemio Trabando en Verano
Madrid - Hagen - Alemania - Bélgica

Les conté que, a las pocas semanas que a Madrid, el Gobierno Boliviano me quietó la beca, mandaron a otra persona. Por suerte, conseguí vivir, al crédito, en el Colegio Mayor Guadalupe. *(Ver: Volumen 5; Capítulo 41; Páginas 73 a 108 en este libro).* Cada verano, el colegio estaba cerrado. Tenía que ir a trabajar en Alemania o en otro país, ganar suficiente dinero para pagar mis deudas de ese año.

La Embajada Alemana otorgaba un programa de trabajo a que querían trabajar, en los veranos. Era un simple Certificado, un Permiso de trabajo, que indicaba: la ciudad donde se debía presentar ese certificado y la dirección de la compañía. Con mis contactos en la Embajada Alemana, conseguí ese permiso, para tres residentes del colegio. Pero, como soy tan despistado, me olvidé conseguirlo para mi. No pensé en ese entonces que lo necesitaría.

Cada verano, tenia que ganar dinero para pagar mi deuda al Colegio. Fui a la embajada Alemana a conseguir ese certificado, ya era tarde. El cupo estaba completo.

Había otras opciones de trabajo, pero no eran tan buenas. En el verano anterior trabajé en Burdeos, Francia, cosechando uvas. No quería volver a hacerlo. Si la necesidad apremiaba, no podía rechazarlo, porque necesitaba el dinero.

Así estaban las cosas, cuando uno de los residentes, para quien conseguí el certificado en Alemania, decidió no ir y me devolvió el Certificado. Ese permiso era para trabajar en la ciudad de Hagen. El certificado estaba a su nombre. No sabia si podía usarlo. *(Hice referencia a esa ciudad, acerca de Rosi, en el Volumen 2, Capítulo 16; ;Páginas 59 a 72).*

Un día, antes que cierren el colegio, el Manco, el portero me dijo:
========
El Manco: "Sé que no tienes donde ir. Creo que te puedo ayudar."
ToTTó: "Ojala puedas. No tengo dinero para viajar y no hay trabajo aquí."

Antonio de Pórcel Flores Jaimes Freyre

El Manco: "¿Dónde crees que puedes conseguir trabajo?"
ToTTó: "En Francia, en Burdeos, dónde trabajé el verano pasado, recogiendo uvas. Es un trabajo muy pesado y no pagan bien. Preferiría ir a Alemania, allí pagan muy bien. Tengo un permiso de trabajo, pero no está a mi nombre. No se si lo acepten. Creo que Burdeos es mi única solución, pero no tengo dinero para el viaje.
El Manco: "Creo que tengo la solución para Alemania."
ToTTó: "¿Cuál es el milagro?"
El Manco: "No me vas a creer. Han llamado dos bolivianos que llegan mañana y no conocen Madrid. Han preguntado si hay algún boliviano que los puede guiar. Están viniendo de Alemania. Quizás, si los ayudas, te puedan llevar. Se van a quedar cinco días. Además, este sábado, hay un banquete en el Escorial. Necesitan residentes para llenar cuatro asientos. Tu ya sabes de eso. Quizás los puedas llevar."
ToTTó: "¡Qué buena idea! En su vida se han soñado asistir a un banquete en el Escorial, no importa quienes sean ni que hagan. Ahora mismo voy al Instituto de Cultura Hispánica. Ángela me va ayudar a conseguir las sillas y la ropa para el banquete." *(Les conté algo de mi relación con Ángela, en el Volumen 4, Capítulo 33; Páginas 37 a 59.)*
El Manco: "Antes de ir, llámala, es temprano todavía, debe estar en su oficina."
ToTTó: "La llamo ahora mismo. ¿Sabes como se llaman?"
El Manco: "El señor que llamó, me dijo que es el Decano de la Facultad de Arquitectura y el otro es su hermano."

Hablé con Ángela, me dijo que había tres sillas libres para el Banquete que las iba a reservar para mi.

========
ToTTó: "Hola Ángela."
Ángela: "Hola Amor. Gracias por llamar. ¿Estás en el Instituto de Psicología?"
ToTTó: "Estoy en el Guadalupe, hablando con El Manco."
Ángela: "Pensé que estaba cerrado. Estábamos preocupadas por ti. Sabemos que no tienes dinero ni donde quedarte. Puedes quedarte conmigo si quieres."

ToTTó: "Me encantaría. Seria un lindo verano. Bien sabes que te quiero mucho y me gusta estar contigo. Pero no es posible."
Ángela: "¿Porqué no es posible. Vivo sola, hay campo en mi departamento. Hace tiempo que no estamos juntos."
ToTTó: "Sólo dos semanas. No puedo quedarme contigo. Tengo que trabajar y ganar dinero para pagar mi deuda al Colegio. No hay trabajo aquí, eso bien lo sabes. Tengo que ir a otro país. Quisiera ir a Alemania, allá hay trabajo y pagan bien."
Ángela: "No había pensado en eso. Tienes razón."
ToTTó: "Soy un despistado. Conseguí permisos de trabajo para tres residentes y me olvidé el mío. Uno de ellos, no quiere ir, me ha dado su permiso. Aunque no está a mi nombre, quizás pueda trabajar en Alemania con ese permiso."
Ángela: "¿No tienes dinero, como piensas viajar a Alemania? Te podemos prestar algo de dinero, pero no será suficiente."
ToTTó: "Gracias. No necesitaré mucho dinero."
Ángela: "Lo que te podemos prestar, no te va alcanzar."
ToTTó: "Tengo buena suerte. El Manco me acaba de decir que, dos señores bolivianos llamaron al Colegio. Vienen de Alemania en auto y se quedaran cinco días. Preguntaron si hay un boliviano, que pueda ayudarlos y guiarlos en Madrid. Llegan mañana, directamente al Colegio. Los esperaré.
Ángela: "¿Que? Tienes suerte. Quizás puedas viajar con ellos, si vuelven a Alemania.
ToTTó: "Es la idea. Quiero pedirte que me ayudes, por favor."
Ángela: "No tienes que pedirlo."
ToTTó: "Creo que si, para estar seguro."
Ángela: "¡Qué chistoso! ¿De que quieres asegurarte ahora?"
ToTTó: "Del precio que tendré que pagar."
Ángela: "¡Ha! Esta bien, me acuerdo. No es el mismo precio. Ahora es el doble. Eso es lo tendrás que pagar."
ToTTó: "No tengo más remedio que aceptar tu ayuda."
Ángela: "Nuestra ayuda. No te olvides, somos cuatro."
ToTTó: "Hay Dios, ¡Qué haremos con esta inflación!"
Ángela: "Ja. Ja. Ja. Ja. Sabemos lo que queremos que hagas. No tienes que preocuparte. ¿Qué ayuda necesitas?"
ToTTó: "Si quiero que estos señores me lleven a Alemania, tengo que impresionarlos. ¿No te parece?"

Antonio de Pórcel Flores Jaimes Freyre

Ángela: "Buena idea. ¿Cómo los vas a impresionar?"
ToTTó: "Con tu ayuda, mi amor."
Ángela: "Te dije que te va a costar."
ToTTó: "Tendré que pagar con creces. El Manco me dijo que este sábado habrá un Banquete del Escorial. Quisiera llevarlos. ¿Hay sillas vacantes?"
Ángela: "Eres un genio. Siempre te las arreglas del mejor modo. Déjame ver la lista. Espera un poco. Aquí está. Hay cuatro sillas vacantes. Dame sus nombres. Tu sabes lo que tienes que hacer."
ToTTó: "No se como se llaman. Uno de ellos es el Decano de la Facultad de Arquitectura de la Universidad de La Paz."
Ángela: "Eso es suficiente y quizás mejor. ¿Quién es el otro?"
ToTTó: "No los conozco. ¿Puedes arreglar lo de la ropa?"
Ángela: "El banquete es el sábado. Los traes el viernes después de las cinco. Los espero. Que ellos se escojan la ropa. Tengo las llaves, no hay problema."
ToTTó: "¿Les gustaría ir a cenar con nosotros después de la ropa? Les voy a sugerir que ellos inviten. Es lo menos que pueden hacer. ¿No te parece?"
Ángela: "Eso me gusta. Llamo a las chicas para que se preparen. El viernes, después de seleccionar la ropa, vamos a cenar con ellos. Después serás mío, para mi solita. ¿De acuerdo?"
ToTTó: "Ja. Ja. Ja. Estás aprendiendo. Pago por adelantado. Será un placer princesa."
Ángela: "No me adules. No es necesario. Pórtate bien. No seas malcriado."
ToTTó: "Por favor. No me llames malcriado. Mi mamá se va enojar contigo."
Ángela: "¡Tu mamá! ¿Por qué se va a enojar conmigo?"
ToTTó: "Porque ella me ha criado."
Ángela: "Eres imposible, te quiero mucho. Soy una tonta. Los espero para seleccionar la ropa a las cinco y después vamos a cenar. estoy segura que nos divertiremos el viernes."
ToTTó: "Gracias mi linda princesa. Te mando un beso telefónico directamente a tu orejita."
Ángela: "Eres un payaso travieso."
========

Colección de Anécdotas Amoroso Sexuales Anécdotas: 46 -53

Bolivianos en Madrid
Hablé con Don José, el director de colegio.
========
ToTTó: "Don José, mañana llegan dos señores bolivianos. Uno es el Decano de la Facultad de Arquitectura de la Universidad de La Paz, creo que el otro es su hermano. Vienen de Alemania. Se quedarán cinco días. Seré guía. Es la primera vez que vienen. "
Don José: "¿Que piensas hacer?"
ToTTó: "Estaba pensando que quizás me puedan llevar a Alemania. Viene en su coche. Usted sabe que tengo que ir a trabajar este verano, para pagar al colegio. El poco dinero que me van a prestar, no me alcanza para los gastos de viaje."
Don José: "Buena idea. Si los atiendes bien, es posible que viajes con ellos. ¿Qué estás planeando ahora?"
ToTTó: "¿Cree usted que pueden alojarse aquí, en el colegio?"
Don José: "No lo había pensado. Claro. Se pueden quedar. Más aún si uno de ellos es Decano. Yo arreglo eso. Buena idea."
ToTTó: "El Sábado hay un Banquete en el Escorial. Hay cuatro sillas vacantes. Es posible que podamos asistir al banquete, llenando tres sillas. ¿Que le parec?"
Don José: "Piensas en todos los detalles. Necesitan llenar esas sillas. Si las pides, te las darán, pueden ir los tres. Ya encontraran alguien que llene la cuarta silla."
ToTTó: "Ya las he pedido y me las han dado."
Don José: "Siempre estás un paso adelantado. Llegarás a Alemania. De eso estoy seguro. Mañana, ustedes almuerzan conmigo, haré las presentaciones. Tienes que conseguir sus nombres."
ToTTó: "Así lo haré. Muchas gracias Don José."
Don José. "De nada. Sigue con tus andadas. Te deseo un buen verano."
========
Para informarles les cuento un poco de los banquetes en el Escorial. Una de las labores, del Instituto de Cultura Hispánica, como yo lo entendí entonces, era abrir las puertas comerciales de los países hispano-americanos. Para ello, ofrecía becas a profesionales recién graduados. Muchos de ellos legaban a ser importantes políticamente, en los gobiernos de esos países.

Antonio de Pórcel Flores Jaimes Freyre

Otra actividad, era ofrecer banquetes a todo lujo en el Escorial y en otros palacios, a delegaciones gubernamentales que visitan Madrid. Estos banquetes se celebraban en grandes comedores para lo menos 18 personas. Siempre sobraban sillas que no podían estar vacías. Llamaban al Colegio Guadalupe invitando a los residentes que querían asistir al banquete, llenando esas sillas. Había que inscribirse uno o dos días antes del banquete. El día anterior, los interesados debían ir a escoger ropas especiales, generalmente de tiempos pasados, para poder asistir al banquete. Era una forma fácil de llenar las sillas vacías y al mismo tiempo, dar la impresión de realeza. Asistí a muchos banquetes, de manera que sabia lo que teníamos que hacer.

Los bolivianos, llegaron entrada la tarde del día siguiente, un Miércoles. Los estaba esperando en la puerta del colegio. No los conocía. Mayores que yo, se veían cansados del viaje, aunque viajar en coche de Alemania a Madrid no toma muchas horas. Esta fue, como la recuerdo, nuestra primera conversación.
=========
ToTTó: "Buenas tardes. Bienvenidos a Madrid. Soy Antonio, me llaman ToTTó. Me pongo a su servicio."
El Mayor: "Me llamo Arturo, mi hermano es Esteban. Gracias por esperarnos. Es la primera vez que venimos a Madrid. Usted es boliviano. Cara conocida."
Esteban: "Creo que yo te conozco de vista y de nombre. ¿Eres el esposo de Maru?"
ToTTó. "Si. Ella es mi esposa."
Arturo: "No le haga caso a mi hermano. Eso no es importante."
ToTTó. "Les conseguí alojamiento, acá, en el Colegio."
Esteban: "¿Es este un colegio? No parece."
ToTTó. "Es el Colegio Mayor Guadalupe, una de as residencias universitarias más famosas de Madrid. Pasen, mi amigo les va a mostrar sus cuartos."
Esteban: "¿Qué hacemos con nuestras maletas y el auto?"
ToTTó. "El auto puede quedarse en estacionamiento. Si quieren pueden traer sus maletas ahora."
Arturo: "No es necesario. Las traemos después. Vamos."
========

Entramos. El Manco nos estaba esperando.
========
El Manco: "Soy en portero. Por favor tengan la bondad de firmar su entrada en este libro. Gracias. Los llevo a sus cuartos."
========
Me miraron dudando un poco. Firmaron el libro.
========
El Manco: "Si tienen maletas, es mejor que las traigan ahora."
========
Salieron a traer sus maletas.
========
El Manco: "ToTTó. Ten cuidado con ellos. No me caen muy bien. No me gusta como te miraron. Especialmente el más bajo. Déjame ver los nombres. Se llama Esteban."
ToTTó. "Son el tipo de bolivianos con un poco de dinero, que se creen superiores. No les haré caso. Voy a tener cuidado."
========
Entraron con dos maletas. Subimos al tercer piso, donde estaban los cuatros especiales y mi cuarto.
========
Esteban: "¿No tienen ascensor? ¿Tenemos que subir estas gradas?"
El Manco: "Es un buen ejercicio. No se queje."
Arturo: "El señor tiene razón. Deja de quejarte."
========
No les cayeron muy bien que digamos las piezas. El manco lo notó y les dijo:
========
El Manco: "Esta es una residencia para estudiantes universitarios. Los cuartos no son muy cómodos, el servicio es excelente. Si prefieren, puedo llamar a un buen hotel de lujo. "
Arturo: "No es necesario. Las piezas son buenas. Gracias."
ToTTó: "Deben estar cansados del viaje. La cena es a las 10 de la noche, costumbre española. Si tienen hambre los invito a la cafetería, sirven buenas tortillas y el café es excelente."
Arturo: "Cominos en el camino. Estamos bien. ¿Donde es la cena?"
El Manco: "En el comedor. Yo los llevaré."
Esteban: "¿Hay agua caliente?"

Antonio de Pórcel Flores Jaimes Freyre

Arturo: "Deja de preguntar. Nos están invitando."
El Manco: "Es bueno preguntar. No hay agua caliente. Hay agua caliente en los hoteles de lujo. Están en Madrid."
========
No les cuento lo que pasó esos días, con los dos bolivianos en Madrid no es interesante. Dijeron que estaban cansados. Al menor no le gustó mucho, que en el banquete, tenían que vestir trajes medievales. Lo único que menciono es que no hubo cena con ellos ese viernes. Cené con Ángela y Clara, en el departamento de Ángela, lo que fue mucho mejor.

Mi viaje a Alemania

Llegó el día de mi viaje a Alemania. ¿Cómo lo conseguí?
========
Arturo: "Mañana salimos para Alemania. Muchas gracias por el magnífico recibimiento que nos haz hecho y por tu compañía. Especialmente por invitarnos a ese banquete de príncipes. No creo que en mi vida volveré a asistir a una celebración tan original."
Esteban: "Me gustó la comida estupenda y mucho mejor la bebida. Lo que no me gustó, es que me obliguen a vestirme de payaso."
Arturo: "¿Cuántas veces te tengo que decir, que veas lo bueno de las cosas?"
Esteban: "Tienes tu opinión y yo la mía."
ToTTó: "Es cierto, cada cual tiene sus opiniones. He asistido a muchos de esos banquetes, cada vez con un disfraz diferente. Uno se acostumbra. Es parte de la celebración."
Arturo: "A mi no me molestó vestir un bonito disfraz. Saqué unas fotos que las mostraré en La Paz."
Esteban: "Andas sacando fotos todo el tiempo, pareces un turista japonés."
ToTTó: "Quiero pedirles un favor. No quiero incomodarlos."
Arturo: "¿De qué se trata?"
ToTTó: "Me gustaría, si se puede, viajar con ustedes. Tengo necesidad de ir a Alemania. Eso si tienen campo en el auto."
Esteban: "Es un viaje largo. No pararemos en Paris. No me gustan los franceses. Los asientos de atrás no son cómodos."

Arturo: "Esteban tiene razón. Pero no hay problema. Si quieres venir con nosotros, está bien. ¿A que ciudad quieres ir?"
ToTTó: "Tengo que ir Hagen, queda cerca de Dusseldorf."
Esteban: "¿Dónde quedan esas ciudades?"
Arturo: "Espera veré el mapa."
========
Arturo vio el mapa de Alemania y me dijo:
========
Arturo: "Hagen está un poco fuera de nuestra ruta. Nos desviamos un poco y te dejamos cerca de Hagen. Puedes tomar un autobús o el tren."
Esteban: "El viaje es largo. Si nos desviamos llegaremos cansados y de noche. ¿Porqué no tomas el tren desde acá y listo?"
ToTTó: " Si les causa de problema, está bien. Veré como lo hago. Gracias de todas maneras. Pero quizás pueda ayudarlos en Paris."
Esteban: "Qué gracioso. Ya te dije que no nos gusta Francia, no vamos a parar. Manejo directamente a Alemania."
ToTTó: "¿Cuando vinieron: ¿Pasaron por Paris?"
Arturo: "Si. Mucho tráfico. Tardamos mas en pasar la ciudad, que en resto del viaje. Es por eso que no le gusta a mi hermano."
ToTTó: "Si el trafico en Paris, es tremendo."
Esteban: "¿Cómo lo sabes?"
ToTTó: "Manejé en Paris de paso a Italia. No es necesario seguir la ruta por el centro de la cuidad."
Arturo: "¿Cómo puedes ayudarnos?"
ToTTó: "Hablo bien el francés y conozco Paris. Es probable que lleguen a Paris al medio día. Buena hora para comer algo."
Esteban: "No me gusta la comida francesa."
Arturo: "Tu nos haz ayudado. No hay problema. Viajas con nosotros. Te dejamos lo más cerca que se pueda a esa ciudad. ¿Qué te parece?"
ToTTó: "Muchas gracias. Es una gran ayuda."
========
Ese día, me llamó Ángela
========
Ángela: "Hola ToTTó. ¿Cómo arreglaste lo de tu viaje? Estamos preocupadas."
ToTTó: "Mañana viajo con ellos. Sera una verdadera aventura."

Antonio de Pórcel Flores Jaimes Freyre

Ángela: "¿Cómo te fue el en banquete?"
ToTTó: "Creo que se divirtieron. Al menos eso me dijo Arturo."
Ángela: "Arturo es el mayor. Es buena persona. El otro, te lo regalo. Me dijeron que se emborrachó e hizo un papelón."
ToTTó: "No fue el único que bebió un poco más de la cuenta. Eso es normal en los banquetes. Hay mucha bebida."
Ángela: "Queremos verte esta noche, cenamos en casa de Leticia. Cena de despedida. Te espero a las cinco en el instituto."
ToTTó: "Gracias. Será un placer cenar con ustedes."
Ángela: "Eso ya lo sabemos. Vamos a cobrarte, tienes que pagar."
========
Cené con las cuatro amigas. Comida boliviana que cocinó Rosa. Antes de despedirse, Ángela y Clara me dieron un sobre.
========
Ángela: "Toma para tu viaje. No es mucho. Te lo damos, con todo cariño. Que te vaya bien este verano. No creo que puedas escribirnos. Eso no importa. Te estaremos esperando."
Clara: "Sabemos que te irá bien. Sabes como amoldar tu destino y el nuestro. Te queremos mucho. Cuídate y vuelve a nosotras."
========
Me besaron con lágrimas en sus ojos y salieron abrazadas, sin darse la vuelta. Rosa me beso:
========
Rosa: "Hasta mañana conmigo. Diviértanse esa noche, que lo tienen bien merecido. No la lastimes, es muy delicada, te quiere mucho, tanto como yo."
========
Leticia me dijo:
========
Leticia: "Las chicas no pudieron quedarse esta noche porque quiero que duermas conmigo. Rosa me dijo que está bien, que se alegra y se fue a dormir. Haz estado con ellas y no conmigo, porque yo no estaba lista todavía. Carlos llega esta semana. Me voy a casar con él. Antes quiero estar contigo. Me da pena que viajes mañana."
ToTTó: "¿Sabes? Desde el día que te conocí, he estado enamorado de ti, esperando esta noche."
Leticia: "¿Me lo dices de verdad?"

ToTTó: "Si. Pregúntale a Rosa si quieres. Ella lo sabe."
Leticia: "¡Ha! Por eso me dijo que se alegra que durmamos juntos. Ahora lo entiendo. Se lo tenían bien guardadito."
ToTTó: "Tu no estabas lista entonces. Me alegro que ahora lo estés. Haremos el amor, porque yo sigo enamorado de ti."
Leticia: "Yo también estoy enamorada de ti. ¡Qué tonta he sido! Tanto tiempo perdido. Ahora que te vas mañana, es la primera y quizás la última noche que nos amaremos."
ToTTó: "Eso, ni tu, ni yo, lo sabemos." *(Esa es otra anécdota digna de otro capítulo).*
=========

Al día siguiente, entrada la tarde, salí de viaje con los dos bolivianos. Llevaba mi maletita, con la poca ropa de verano que tenía. Dejé mi ropa de invierno en el departamento de Ángela.

En el sobre había 100 pesetas y 25 dólares (tres billetes de 5 dólares y el resto billetes de 1 dólar). Era mejor así, más fácil para cambiar el dinero en las fronteras.

Salimos de Madrid bastante tarde. Esteban se equivocó de camino, llegamos casi de noche a Burgos, ciudad al norte de España, cerca de la frontera con Francia. Decidieron pasar la noche allí. Pararon en un hotel bastante lujoso.

Esteban me dijo que espere en el auto. Así lo hice. Al rato volvieron y me dieron la llave del cuarto que ellos escogieron para mi. Arturo me dijo que cenarían en el comedor del hotel, pero no me invito a ir con ellos. Me despedí y fui a mi cuarto.

Esteban tenía razón. Los asientos de atrás no eran muy cómodos. Estaba bastante cansado. No tardé mucho en dormir.

Al día siguiente, me levanté temprano y fui a desayunar al comedor, esperando encontrarlos. Ellos no estaban desayunando. Tomé un buen desayuno. Salí a ver si estaban en el auto, no estaban ahí tampoco. No presté mucha atención. El auto estaba ahí cerrado con llave.

Antonio de Pórcel Flores Jaimes Freyre

Volví al hotel y me senté a esperarlos. Por curiosidad, me acerqué a la caja. Quería saber cuanto estaban gastando.
========
La Cajera: "Buenos días señor. ¿Que pieza tiene?"
========
Sin contestar le di la llave del cuarto.
========
La Cajera: "Un momento por favor."
========
Me quedé parado, esperando.
========
La Cajera: "Acá tiene su factura. Son 85 pesetas incluyendo el desayuno."
========
Me quedé con la boca abierta. Ella se dio cuenta de mi sorpresa.
========
La Cajera: "El cuarto por una noche son 70 pesetas, el desayuno son 15 pesetas. Espero que le haya gustado, Tenemos un excelente cocinero. ¿Quiere ponerlo en su tarjeta?"
ToTTó: "No señorita. Acá tiene 100 pesetas."
La Cajera: "En seguida le doy el cambio."
ToTTó: "No es necesario. Es para usted por el buen servicio y por su linda sonrisa. Muchas gracias."
La Cajera: "Es usted un caballero. Gracias. ¿Se le ofrece algo mas?"
ToTTó: "Creo que es suficiente para el día."
========

Soy tan despistado. Pensé que, ellos habían pagado por el cuarto y el desayuno en el hotel. Estaba equivocado. Era lo menos que podían haber hecho. No gastaron en alojamiento, ni en comida los cinco días en Madrid. Me quedé con los 25 dólares, era mi tesoro. Sabía que no me iba a alcanzar, pero esa no era la primera vez que estaba así.

Los vi salir del comedor. Se acercaron a caja, pagaron su cuenta. Fueron al baño. Me acerqué a la cajera.

Colección de Anécdotas Amoroso Sexuales Anécdotas: 46 -53

========
ToTTó: "Perdone señorita. ¿Puedo hacer una pregunta?"
La Cajera: "Si. Pregunte lo que quiera. Estoy para servirlo."
ToTTó: "¿Mis amigos le dieron su propina?"
La Cajera: "No. Pero no es necesario."
ToTTó: "Va a disculpar. Son distraídos. Por favor acepte estos cinco dólares y me da su tarjeta para cuando vuelva."
La Cajera: "Gracias señor. Ojala usted vuelva pronto. Acá tiene mi tarjeta."
========
La Cajera tomó el dinero y me dio la tarjeta del hotel.
========
ToTTó: "Disculpe. Está es la tarjeta del hotel. Me gustaría tener su tarjeta, si es posible."
La Cajera: "¡Humm! No tengo tarjeta. Espere, escribo mi nombre y mi dirección. No sé si seguiré trabajando aquí. Me voy a casar pronto. Me puede buscar ahí cuando vuelva."
========
Leí en papel. Sonriendo de dije:
========
ToTTó: " Se llama Antonia. Yo me llamo Antonio. Que coincidencia. Cuando vuelva, antes de seguir a Madrid, la buscaré para felicitarla por su matrimonio."
La Cajera: "¿Vive en Madrid?"
ToTTó: "Si. Vivo en el Colegio Mayor Guadalupe. Si usted va a Madrid, puede preguntar por mi. Allí estaré."
La Cajera: "Es un colegio Mayor, famoso. Me alegro que viva allí."
ToTTó: "Por favor. Deme un papel y escribo mi dirección."
========
Escribí, mi nombre y mi dirección en Madrid.
========
Antonia: "No creo que iré a Madrid. Pero si voy, preguntaré por usted. Gracias. Tenga usted buen viaje." *(Esta es otra anécdota digna de otro capítulo)*.
========
En la frontera con Francia quería cambiar 2 dólares, pero no pude hacerlo, porque no paramos suficiente tiempo. Llegamos a Paris. El tráfico era muy pesado.

Antonio de Pórcel Flores Jaimes Freyre

Le dije a Esteban que tome otro camino. No me hizo caso. Hacía mucho calor. Esteban no quiso prender el aire acondicionado, para ahorrar gasolina, que era barata en ese tiempo.

Arturo tenía hambre. Esteban no quería parar. En una esquina, donde el tráfico estaba parado, vi una panadería. Me bajé, compré dos panes grandes y un bollo de queso. Pagué un dólar. El tendero me miro asombrado y sin decir palabra, me dio otros dos panes y otro bollo de queso. Volví al auto. Di un pan a Arturo, otro a Esteban. Arturo sacó su corta pluma y cortó varios pedazos de queso. El pan francés estaba riquísimo y el queso mejor.

Seguimos viaje pasando a frontera a Bélgica. Faltaban pocas horas para que anochezca. Esteban estaba cansado de manejar. El camino tenía muchas curvas subidas y bajadas, bastante angosto. Le dije. Si él quería, yo podía manejar. No me hizo caso.

En una de las curvas, Arturo vio un motel. Paramos. Entramos al motel. Ellos no se podían entender con la señora que nos atendió. Le pregunté en francés si podían ellos alojarse por una noche.
=========
ToTTó: "Buenas tardes señora. Mis amigos necesitan una pieza, para esta noche."{Mis amis ont besoin d'un morceau pour ce soir.}"
La Señora: "Esta bien. {c'est bien} Tengo una pieza, con dos camas. Ustedes son tres.'
ToTTó: "Señora. No tengo dinero para pagar por la picza. Si me permite, dormiré en el auto.'
La Señora: "Esta bien. Como usted quiera."
=========
Los ayudé con el idioma. Alquilaron la pieza, pagaron por adelantado y se fueron a dormir.
Fui al auto. Había dejado la puerta de pasajeros sin seguro. Pero, como buenos bolivianos, cerraron el auto con seguro. No podía dormir en el auto. ¿Qué hacer?"
Volví a la oficinita del motel. La puerta estaba sin seguro. Entré y me senté en uno de los sillones, frente a la televisión que estaba prendida. Al poco rato entró la señora y me miró, un poco sorprendida. Se sentó en el otro sillón. Cuando acabó el programa, me preguntó:

88

Colección de Anécdotas Amoroso Sexuales Anécdotas: 46 -53

========
La Señora: "Si quiere y no está cansado, puedo dejar la televisión encendida, por una hora. Tengo que hacer la caja de hoy día."
ToTTó: "No es necesario. Si no le molesta, quisiera saber si puedo pasar la noche acá sentado."
La Señora: "¿No en el auto?"
ToTTó: "El auto está cerrado con seguro. Ellos tiene las llaves."
La Señora: "De donde eres. Tienes un acento raro."
ToTTó: "Soy boliviano. Estudio en Madrid."
La Señora: "¿Qué estudias?"
ToTTó: "Psicología clínica."
La Señora: "Qué bueno. ¿Dónde están yendo?"
ToTTó: "Ellos a Hanover, yo a Hagen. No sé donde me dejarán."
La Señora: "¿No vas con tus amigos?"
ToTTó: "No son mis amigos. Me están haciendo el favor de llevarme a Alemania. Estoy yendo a buscar trabajo."
La Señora: "¿Hay trabajo en Alemania para bolivianos?"
ToTTó: "Hay un programa especial para estudiantes españoles. Los bolivianos tenemos la ciudanía Española y Boliviana."
La Señora: "Ahora entiendo. No tienes dinero y estas yendo a trabajar a Alemania. Esos señores no son tus amigos."
ToTTó: "Así es."
La Señora: "Me llamo Fabiene. ¿Como te llamas?"
ToTTó: "Me llamo Antonio, me dicen ToTTó."
Fabiene: "Me gusta mas Antonio. ¿Tienes hambre?"
ToTTó: "Me gustaría tomar un café."
Fabiene: "Ven, vamos a mi comedor. Yo quiero un te con galletas. Las he orneado esta tarde, son fresquitas. Te van a gustar."
========
Así fue como empezó mi relación con Fabiene, la dueña del motel. Nos sentamos. Ella tomado su te, yo mi café, conversando y comiendo sabrosas galletas.
========
Fabiene: "No necesitas pasar la noche sentado en ese sillón. Tengo piezas vacantes. Ha pocos turistas. Tengo más gente en el invierno, vienen los esquiadores, está siempre lleno. No necesitas pagarme."
ToTTó: "Muchas gracias. No quiero abusar de tu bondad. Puedo dormir sentado. Lo he hecho muchas veces."

Antonio de Pórcel Flores Jaimes Freyre

Fabiene: "Qué tonteras dices. Si no quieres dormir sólo, puedes dormir conmigo. Hace mucho tiempo que estoy sola. Soy viuda, mi marido se fue al cielo hace un año. Un accidente en la nieve."
ToTTó: "Me gusta la idea. Eres una hermosa mujer y te mereces todo lo que quieras. No quiero aprovechar tu soledad. Dormimos juntos, si quieres, pero como buenos amigos, nada más."
Fabiene: "Eso me gusta más. No te aprovechas. Eres un caballero."
ToTTó: "No es eso. Te respeto porque eres mujer."
Fabiene: "¿Cómo dices? ¿Me respetas porque soy mujer?"
ToTTó: "Si. Desde que era chico, mi mamá me ha enseñado a respetar a todas las mujeres, no importa: lo que ellas son, como son, qué hacen. Me ha dicho muchas veces: 'Antonio, siempre debes respetar a la mujer como respetas a tu madre."
Fabiene: "¡Qué lindo lo que te ha enseñado! Pocos hombres respetan así a la mujer. Parece que tu eres diferente. Quiero dormir contigo. Quiero que me abraces y me beses muchas veces."
========
Fabiene era mayor que yo. Una linda mujer, de gran corazón y muy apasionada. Después de una noche de amor, nos despertamos abrazados. Tomando desayuno, me dijo:
========
Fabiene: "No tienes dinero, no tienes trabajo. ¿Por que no te quedas conmigo? Me ayudas con el motel si quieres. Quiero que te quedes conmigo."
ToTTó: "Yo también quisiera quedarme, pero no puedo. Vivó en Madrid, en una residencia universitaria, tengo que ganar dinero para pagar lo que les debo por un año. Por eso estoy yendo a Alemania. Te prometo que te esperare en Madrid. Tu puedes venir a visitarme y te quedas un tiempo. Te va a gustar España."
Fabiene: "Sé que me va a gustar. Te prometo que voy a ir a verte en primavera. Cierro el motel por un mes."
ToTTó: "¿Sólo un mes?"
Fabiene: 'Si me gusta España, vendo el motel. Dicen que el turismo allá es buen negocio. Yo sé de eso. Dame tu dirección. Te voy a escribir. Quisiera que te quedes unos días. Pero sé que ahora no puedes. Preparé una merienda para el camino. Bésame y abrázame, así, como tu sabes." *(Esta es una anécdota digna de otro capítulo.)*
========

Felizmente, ellos se despertaron un poco tarde. Aprovechamos el tiempo, para amarnos una vez mas. Estábamos en la ducha, cuando tocaron la puerta. Fabiene, sin secarse, se vistió a la carrera. Al salir me dijo:
========
Fabiene: "Es mejor que no te vean. Sal por la puerta de atrás. Te llevo la merienda al auto. Te quiero. Me haz hecho sentir muy feliz. Nos vemos en Madrid."
========
Cuando ellos salieron yo los esperaba parado cerca del auto. Fabiene se acercó y me dio una canasta, con la merienda.
========
Fabiene: "Aquí está la merienda que usted ordeno. Es para 3 personas."
ToTTó: "Muchas gracias. Debe ser muy rica."
=======
Los dos me miraron sorprendidos.
=======
Esteban: "Te dio una canasta. ¿Qué te dijo?"
ToTTó: "Es la merienda para el camino. Así no tenemos que parar si nos da hambre."
Esteban: "Déjame ver. Yo ya tengo hambre. No hemos desayunado todavía."
========
Le alcancé la canasta. Comió tres emparedados, sin parar y bebió la mitad de la botella de leche.
========
Arturo: "No seas grosero. Esa comida no es sólo para ti."
Esteban: "Tu no comes mucho. Yo tengo mucha hambre. El viaje es largo. Tenemos que desviar para dejarlo. Aquí no sirven desayuno y no quiero parar."
ToTTó: "Esta bien, Arturo. No tengo hambre y no quiero perjudicarlos. Me alegro que a Esteban, le guste la merienda. Necesita sentirse bien despierto, para manejar con cuidado."
Arturo: "En eso tienes razón. Acaba de comer, hombre. Vamos, se está haciendo tarde. Puedes seguir comiendo en el auto."
========
Ese fue el destino de la rica merienda, que Fabiene preparo.

Antonio de Pórcel Flores Jaimes Freyre

Seguimos el viaje sin decir palabra. Arturo estaba cabeceando, listo para una siesta. Esteban acabó con la merienda. Abrió la ventanilla y tiro la canasta al camino.

Felizmente, Esteban se equivocó en el desvío. Digo felizmente, porque cuando se dio cuenta, estábamos entrando a una ciudad. Salió de la carretera, entró en la ciudad. Paró en una esquina. Arturo se despertó.

========

Arturo: "¿Por qué saliste de la carretera? ¿Dónde de estamos?"

ToTTó: "Estamos en Hagen, una ciudad cerca Dusseldorf, donde estoy yendo. Aquí me bajo. Ustedes sigan el viaje. Muchas gracias por el favor que me han hecho."

========

Sin esperar respuesta, Me bajé del auto. Esteban partió a toda velocidad. Cuando los vi alejarse, me di cuenta que me olvidé mi maletita en el auto. Estaba parado en una esquina, con las manos en los bolsillos. No hablaba alemán. Tenía pocos dólares. Mi bello destino estaba preparando algo bueno para mi. De eso estaba seguro.

La Universidad

Me quedé observando, pensando que podía hacer. El reloj del campanario, marcaba las cinco menos cuarto de la tarde. Frente al campanario había tienda, parecía una farmacia.

Antes que cierren la farmacia, cruce la calle y entré a la farmacia. No había clientes. Una muchacha joven, estaba en la caja. Probablemente cerrando la venta del día. Me acerqué a ella sonriendo. Me hizo una seña que espere. Me quedé parado, mirándola. Cuando terminó el arqueo. Cerró la caja con llave y me hizo una seña para que me acercara, diciendo algo en alemán, que no entendí.

La saludé en francés. Ella no me entendió. En castellano, no me entendió. Entonces le pregunté usando una sola palabra:

========

ToTTó: "¿Universidad?"

========

Me miró, sonriendo moviendo la cabeza negativamente. Por señas le pedí un lápiz y un papel. Escribí la palabra 'universidad' y se lo entregué. Leyó, sonriendo me contesto:
========
Ella: "Universitate."
ToTTó: "Ya. Universitate. Universidad."
========
Se empezó a reír a carcajadas, una risa muy contagiosa, de manera que los dos terminamos riéndonos.

Me hizo una seña, para que me siente. Me senté. Ella siguió haciendo sus labores, por un buen rato. Cuando terminó. Vino a mi encuentro, me tomó de la mano. Salimos de la farmacia. Cerró las puertas con llave. Sin soltarme la mano, caminamos unas cuantas cuadras en silencio. Llegamos a una esquina donde se juntaban cuatro calles. Había una fila de personas esperando en la parada del autobús. Nos paramos en la cola. Comprendí que teníamos que tomar un autobús. Saqué un billete de un dólar y se lo mostré. Lo miro con toda atención. Me lo devolvió riendo. Guardé el billete y me reí con ella. Subimos al autobús ella pagó. Nos sentamos.

Tomamos dos tranvías y otro autobús. Llegamos a una placita, donde nos bajamos. Observé la placita. Había una cafetería. Caminamos unas dos cuadas y llegamos a un edificio. Ella se paró frente a la puerta que estaba cerrada y me dijo sonriendo, muy ufana:
========
Ella: "Universitate."
========
Me llevó a la universidad que quedaba al otro lado de la cuidad y que estaba cerrada. Llegó el momento de tomar las riendas. La tome de la mano y la llevé de vuelta a la placita. Entramos a la cafetería. Me acerqué al mostrador y ordené dos cafés:
========
ToTTó: "Buenas tardes. Por favor, me da dos cafés con leche y dos de esos pasteles."
El Mozo: "Enseguida. Son cincos marcos."
========
Le entregué dos billetes de un dólar. Me miró y se rió a carcajadas.

Antonio de Pórcel Flores Jaimes Freyre

Ella estaba a mi lado. También se reía. Hablaron en alemán. El mozo me devolvió el dinero y me dijo:
========
El Mozo: "Soy Julio. Soy peruano. Tu debes ser boliviano, por la forma de hablar y tu acento. Conozco a muchos estudiantes bolivianos. Soy estudiante. Me dijo que quieres ir a la universidad. Está cerrada por el verano. No necesitas pagar, si no tienes marcos. Tienes que cambiar ese dinero. No te lo van aceptar. Siéntense. En seguida, les llevo los cafés y lo que haz pedido. No hay mucha gente a esa hora. Me siento con ustedes, para traducir lo que ella, te quiere decir."
ToTTó: " Muchas gracias por tu amabilidad y por tu ayuda. Es un placer conocerte. Me llamo Antonio, mis amigos me dicen ToTTó. Acabo de llegar y no sé donde estoy."
========
Nos sentamos, ella a mi lado. Julio trajo cafés y pasteles. Se sentó frente a nosotros. Habló con ella y me dijo:
========
Julio: "Toma tu café antes que se enfríe. Voy a traducir lo que ella dice y lo que tu le contestas.
ToTTó: "Gracias Julio."
========
Esta fue la conversación, Julio de traductor:
========
Ella: "Mi nombre es Hanna. Julio dice que te llamas ToTTó. Tengo 22 años. Eres chistoso, me haces reír."
ToTTó: "¿Cómo te hago reír?"
Hanna: "Tus gestos, como miras cuando estás sorprendido y cuando quieres que te oigan. Me mamá hacía esos gestos también. Por eso me río. No te enojes conmigo."
ToTTó: "No estoy enojado. Todo lo contrario. Estoy muy agradecido contigo por tu ayuda. ¿Cómo está tu mamá?"
Hanna: "Vivo con mi padre. Es viudo. Mi mamá murió hace dos años. Mi papá se casó con una señora que no me quiere. Ya no quiero vivir con ellos. Quiero quedarme contigo. Me haces reír y eso me gusta."

Colección de Anécdotas Amoroso Sexuales Anécdotas: 46 -53

ToTTó: "Siento mucho lo que me cuentas. Acabo de llegar. No se dónde estoy y no tengo dinero."
Hanna: "Estás desorientado. No importa. Yo te voy a enseñar. Mañana voy a la farmacia. Voy a renunciar y vuelvo. Si quieres, vas conmigo. Vas a conocer la ciudad."
ToTTó: "Está bien. Voy contigo. Muchas gracias."
Hanna: {Riéndose} "No tienes que agradecer tantas veces."
ToTTó: "Tienes razón. Soy un despistado."
Hanna: "No lo eres. Te fijas en todo. Eres un buen observador."
ToTTó: "Tu también. He notado, lo miras todo."
Hanna: "¿Por qué quieres ir a la universidad? ¿Quieres estudiar? Yo quisiera estudiar, pero es muy difícil aquí."
ToTTó: "No he venido a estudiar aquí. Vivo y estudio en Madrid. Te dije que no tengo dinero. He venido a buscar trabajo por el verano. Necesito ganar dinero para pagar lo que debo en Madrid."
Hanna: "¿Por qué debes dinero?"
ToTTó: "Es una historia larga, te la contaré otro día."
Hanna: "Me prometes que me la vas a contar. Estoy muy curiosa."
ToTTó: "Te lo prometo."
========
En eso entraron tres jóvenes. Julio se disculpo y fue a atenderlos. No sé que les dijo Julio. Uno de ellos me miró y me reconoció. Yo también lo reconocí. Era mi amigo Ramiro, compañero de escuela, nos conocíamos desde chicos. Vino a la mesa. Me paré a saludarlo.
========
Ramiro: "¡Qué sorpresa! ¿Cuando haz llegado? ¿Quién es esta hermosa muchacha? Preséntamela."
ToTTó: "Hola Ramiro. De mucho tiempo nos vemos. Alguien me dijo que estudias en Alemania. Gusto de verte. Siéntate por favor."
========
Se sentó y empezó ha hablar con Hanna. Al principio Hanna estaba tranquila conversando. A medida que la conversación seguía, ella se fue poniendo muy seria.
========
ToTTó: "Ramiro. No entiendo de lo que están hablando. Espera llamare a Julio para que traduzca."
Ramiro: {Disimulando claramente}. No lo llames, este ocupado. no es necesario. Le estaba preguntando. Nada más.

Antonio de Pórcel Flores Jaimes Freyre

ToTTó: "¿Qué le estabas preguntando?"
Ramiro: "Ella me dijo que recién haz llegado y que quieres encontrar trabajo. Yo los puedo ayudar. Si quieren se quedan en mi departamento hasta que encuentres trabajo. Vivo solo. Es pequeño, un dormitorio, salita, comedor y cocina. Tengo un sillón grande donde puedes dormir. ¿Qué te parece?"
ToTTó: "Gracias. Déjame pensarlo. Ya te aviso."
Ramiro: "Avísame. Estaré con mis amigos."
========
Nos quedamos sentados. Hanna estaba seria, ya no sonreía. Algo pasó. Le tomé la mano cariñosamente y le dije:
========
ToTTó: "Universitate."
Hanna: {Sonriendo} "Ya. Ya. Universitate."
========
Seguí agarrándole la mano. Se tranquilizó. Vino Julio y se sentó con nosotros. Le conté mi conversación con Ramiro.
========
Julio: "¿Dónde conociste a Ramiro?"
ToTTó: "Nos conocimos desde que éramos chicos. Estudiamos 12 años en la misma escuela. Dijo que él estudia aquí."
Julio: "No te fíes mucho. Hace años que no estudia. Tiene bastante dinero que le mandan de Bolivia. Un día de estos, lo pesca la policía y como no tiene sus papeles al día, lo mandan de vuelta. "
ToTTó: "Me da pena lo que me cuentas. No era así."
Julio: "Todo cambia con las drogas."
ToTTó: "Lo siento de veras."
Julio: "¿De qué hablaron, si no es indiscreción preguntar?"
ToTTó: "Me ofreció su departamento. Creo que Hanna le dijo que no tenemos donde quedarnos. Dijo que vive solo."
Julio "¡Humm! No sé si deben aceptar."
ToTTó: "¿Qué otra alternativa nos queda? No tenemos donde ir."
Julio: "Tienes razón. Yo no les puedo ofrecer. Vivo con tres estudiantes. Mi departamento es muy chico."
ToTTó: "Gracias. Ya veremos que hacemos."
Julio: "Quizás tengan que aceptar, por esta noche. Mañana hablaré con mi amiga Jazmine. Estaba buscando alguien que la ayude a pagar la renta. La muchacha que vivía con ella, se fue."

========

Julio y Hanna hablaron por largo tiempo. Hanna bastante seria, oía más que hablaba. Julio me dijo:

========

Julio: "Hanna dice que está bien. No le gusta mucho la idea, pero no tienen otra solución por esta noche."
ToTTó: "Tienes razón. Por esta noche. Ojala que tu amiga Jazmine nos acepte."
Julio: "Creo que, conociéndolos, ella va aceptar. Tiene necesidad de pagar la renta y creo que está un poco atrasada. Jazmine, vendrá mañana, en la tarde, para hablar con ustedes."
ToTTó: "Gracias por tu ayuda. No sé que Hanna quiere hacer."
Julio: "Me dijo que mañana temprano van a ir a la farmacia. Creo que quiere arreglar sus asuntos. Dijo que ya no quiere trabajar ahí."
ToTTó: "Creo que ella tiene las llaves."
Julio: "Eso me dijo. Tiene que hablar con el dueño para decirle que ya no trabajará en la farmacia. Me dijo que quiere quedarse contigo. Tienes suerte, es una bella mujer. Te hará feliz, si la tratas bien."
ToTTó: "Trato bien a todas las mujeres. Respeto a las mujeres, como respeto a mi madre. Cuando están conmigo, son libres de hacer lo que quieran, sin limitaciones. No soy celoso. Ellas son propiedad de nadie. Así pienso yo."
Julio: "Tienes una manera diferente de pensar. Es interesante lo que dices. La libertad femenina no es algo corriente en Alemania, ni creo que es en el mundo. Debe ser por eso que Hanna quiere estar contigo. Me dijo que se siente libre y que ahora puede hacer lo que quiere. No sé como te las arreglas para que ella piense eso. Parece que ustedes dos, se entienden sin necesidad de hablar."

========

Estaba oscureciendo. Julio estaba por cerrar. Hanna y Julio hablaron. Luego Julio me dijo.

========

Julio: "Le di direcciones a Hanna, de como llegar al departamento de tu amigo. Ella no conoce este barrio. Dice que es fácil. Los veo mañana. No te olvides que, en la tare viene mi amiga Jazmine para hablar con ustedes."

========

Antonio de Pórcel Flores Jaimes Freyre

El Departamento de Ramiro

El departamento de Ramiro estaba en el tercer piso de un edifico no muy bien cuidado. Tocamos la puerta varia veces.
Nadie contestó. Esperamos, en silencio, un largo rato. Bajamos al primer piso. Una señora me habló en alemán. Hanna intervino. Hablaron por un momento. La señora me dijo en perfecto francés:
========
La Señora: "Soy la encargada del edificio. El Señor Ramiro no está en su departamento. No lo vi entrar. Llegará mas tarde. Tienen que esperar. No es prudente que esperen afuera, es un poco peligroso. Pasen, lo esperan en mi oficina. Es mejor."
ToTTó: "Gracias por el ofrecimiento y por su consejo. Usted habla muy bien el francés. Me llamo Antonio."
La Señora: "Ya lo sé. Hanna me lo dijo. Pasen, por favor."
========
Entramos a una pequeña oficina y no sentamos a esperar. Hanna y la señora conversaron todo el tiempo. De rato en rato, la señora me miraba. Adiviné, hablan de mi persona.

Llegó Ramiro. Un poco sorprendido de vernos salir de la oficina. subimos a su departamento. Ramiro al frente, yo lo seguía, Hanna detrás mío. Eran dos cuartos pequeños, una salita con un sillón y una mesa con dos sillas. Una cocina a gas y un baño.
========
Ramiro: "Estoy cansado. Tu duermes en el sillón."
========
Sin decir más. Bruscamente, tomo del brazo a Hanna y trató de llevarla al dormitorio. No tardé un segundo en reaccionar. Me acerqué a él. Con la palma de mi mano, le di un golpe fuerte de aikido en el pecho, cerca del corazón. Ese golpe, cuando está bien dado, corta por un segundo la respiración. Ramiro, cayó de espaldas al suelo.

Antes pueda reaccionar, pisé fuertemente su pecho, cerca de su cuello. Ramiro, muy asustado, con sus pelos de punta, me miró con ojos sobresaltados. Lo sostuve un rato así, esperando que se le pase un poco el miedo. Luego lo ayudé a pararse y lo hice sentar en una silla. Parado frente a él, le dije:

========
ToTTó: "La próxima que trates a un mujer así, llamo a la policía. No tienes tus papeles en orden. Te van a tomar preso y te van a desterrar. Así que ten cuidado. No puedes jugar conmigo."
========

Le di un vaso de agua, lo bebió, de un golpe. Tambaleándose, camino al dormitorio. No tardó mucho en salir con dos almohadas y dos sabanas. Las puso sobre el sillón, entró al dormitorio.

A todo esto, Hanna, asustada, nos había estado mirando, no me di cuenta de ella. Me acerqué y bese sus ojos delicadamente. Nos miramos. Le sonreí y ella me sonrió. Fui al sillón, puse una de las sábanas sobre el sillón y una almohada.

Hanna se quitó el vestido, estaba en sostén y calzón. Ya se iba a quitar el sostén. Le hice una seña indicando que no se lo quiete. Me miro un poco sorprendida. Me acerqué a ella, volví a besar sus ojos, la lleve al sillón y la hice echar, la tape con la sabana y me hinque a su lado, sonriendo. Haciendo una seña que duerma, ella me digo:
========
Hanna: " Guten abend."
ToTTó: "Gotán abént."
=======
Hanna se rio a carcajadas, me hizo repetir varias veces: las buenas noches. Le di un beso en la frente. No pasaron tres minutos, ella estaba profundamente dormida.
Al día siguiente, nos despertamos temprano. Fuimos al café. Julio estaba abriendo la cafetería. Hanna entró y sin decir palabra, empezó a arreglar y limpiar las mesas y las sillas. Cuando terminó, limpio el mostrador. Puso café molido en la cafetera, hizo todo lo que tenía que hacer, antes que vengan los clientes. Julio y yo, nos quedamos, sentamos cómodamente, observando. Julio me dijo:
========
Julio: "No tienes porque preocuparte de conseguir trabajo. Fíjate todo lo que está haciendo Hanna. Como si fuera la dueña de la cafetería. En cuanto venga el dueño le diré que la contrate. El sueldo es bastante bueno."

Antonio de Pórcel Flores Jaimes Freyre

ToTTó: "Me alegra oírte decir eso. Ella es realmente buena, sin duda alguna. Pero, yo necesito trabajar. Ya veré como lo hago. Por el momento, todo está bien, gracias a tu ayuda."
Julio: "Ja. Ja. Ja. Eres chistoso. ¡A mi ayuda! A su ayuda dirás. Me ves sentado, tranquilo. Sin la ayuda de Hanna, estaría corriendo de un lado al otro."
========

Estábamos conversando. Hanna se acercó trayendo tres cafés. Volvió al mostrador y trajo unos panes muy sabrosos. Se sentó con nosotros a gozar del buen desayuno. Hanna y Julio conversaban.

Llegaron dos parejas. Hanna de inmediato se paró, fue a atenderlos. Julio me contó lo que conversaron:
========
Julio: "De manera que eres un experto en Karate."
ToTTó: "¿Por que dices eso? Se algo de Karate."
Julio: "Hanna me dijo que casi matas a Ramiro de un golpe."
ToTTó: "Eso no es Karate, es Aikido. Hace tiempo que tomé unas clases con un maestro Japonés, para defensa propia."
Julio: "Hanna estaba asustada, pero dice que la calmaste a besos. Ja. Ja. Ja. Eres experto en ambas formas de defensa propia."
ToTTó: "Si eso crees, así parece."
Julio: "Yo que te aconseje que tengas cuidado con tu amigo. Ja. Ja. Ja. Bonito consejo que te di. Yo soy quien tiene que tener cuidado contigo. Ja. Ja. Ja."
ToTTó: "No debes preocuparte. Te protege nuestra amistad."
Julio: "En eso tienes razón.
========

Fuimos a la farmacia. En los tranvías y autobuses, sentada a mi lado, hablando a todo dar, señalándolo todo, como si yo pudiera entender lo que decía. Muy contenta me miraba sonriendo, agarrando mi mano.
Llegamos a la farmacia. Estaba abierta, un señor en la puerta. Entramos. El señor me saludo en Alemán. Le contesté con una venia. Hanna le dijo algo. El señor me dijo en francés:
=======
El Señor: "Me llamo Carl, soy el dueño. Bienvenido. ¿Usted no habla alemán?"

Colección de Anécdotas Amoroso Sexuales Anécdotas: 46 -53

ToTTó: "Me llamo Antonio. No hablo, ni entiendo alemán. Hablo Francés y Castellano."
=======
Me contestó en perfecto Castellano.
========
Carl: "¿Es usted Español?"
ToTTó: "No soy Boliviano. Estoy estudiando en Madrid."
Carl: "Conozco Madrid linda cuidad, especialmente en verano. Ahora debería estar allí. Creo que cerraré la farmacia, necesito unas vacaciones. De todas maneras, Hanna ya no quiere trabajar acá. Parece que usted la ha conquistado. Es una mujer estupenda. Usted tiene mucha suerte."
ToTTó: "Tiene usted razón. Tengo mucha suerte. Como usted dijo, ella es estupenda. Madrid en verano, aunque es bastante caluroso, es de lo mejor. Le deseo unas lindas vacaciones."
Carl" "No tan de prisa. Lo de las vacaciones, es sólo una idea."
ToTTó: "Una buena idea que usted la debe poner en práctica."
Carl: "Ya veré. Todavía hay tiempo. Perdóneme, Hanna está por terminar con la caja y los otros documentos."
ToTTó: "Siga usted. Yo esperaré."
========
Me quedé observándolos. Hanna entregó todos los documentos. Firmaron unos papeles, probablemente un contrato. Carl le dio una suma de dinero que ella contó dos veces, un cheque y una bolsa. Nos despedimos y caminamos a la aparada del autobús.

Llegamos a la plaza del centro. Cruzamos la plaza. Noté que íbamos en otra dirección. Hanna notó mi sorpresa, señalando su cartera, me hizo comprender que íbamos al banco. Depositó el cheque y algo de dinero en efectivo.

Después de tomar dos tranvías y un autobús, llegamos al café. Julio estaba un poco ocupado con sus clientes. Hanna, sonriendo, me tomó del brazo y me llevó a la universidad.
Nos paramos frente a la puerta. Ella, juguetona me dijo:
========
Hanna: "Universitate"
ToTTó: "Si. Universidad."

Antonio de Pórcel Flores Jaimes Freyre

========
Hanna repitió en castellano con un fuerte acento alemán.
========
Hanna: "Si. Universitad."
========
Le corregí la pronunciación varias veces, hasta que ella pronunció bastante bien. Me dijo:
Hanna: " Dankeschön
ToTTó: "Danqueshien".
========
Hana se rió a carcajadas y me corrigió varias veces, hasta que, mas o menos aprendí la pronunciación alemana con dejo español.

Nos sentamos en las gradas de la entrada de la universidad, cerca de la puerta. Abrió la bolsa y saco la merienda. Me sorprendió. Hanna me miró riendo.
Comimos los emparedados, el pedazo de pastel de manzana. Tomamos un refresco que gustaba a naranja.
Luego fuimos al café. Julio nos estaba esperando.
========
Julio: "Disculpen. Los vi venir. Estaba ocupado. ¿Dónde fueron?"
ToTTó: "Hanna me llevó a la puerta de la universidad."
========
Hanna le dijo algo en alemán que yo no entendí. Ambos se rieren mirándome.
========
Julio: "Así que te estaba tomando el pelo, por tu pronunciación en alemán. Ja. Ja. Ja."
ToTTó: "Se estaba divirtiendo a mi costilla. Me gusta que esté contenta. ¿Qué más te dijo?"
Julio: "Que no tienes que preocuparte por lo que les pasó con tu amigo. Que su tío llamó a la policía. Seguro que lo sacan del país, esto si no lo toman preso."
ToTTó: " Me da un poco de pena, pero se lo tiene bien merecido."
Julio: "Hablé con mi amiga Jazmine. Viene esta tarde. La tienen que esperar. Ya le dije esto a Hanna"
ToTTó: "Gracias, la esperaremos."
========

Colección de Anécdotas Amoroso Sexuales Anécdotas: 46 -53

Jazmine

Jazmine, la amiga de Julio, era una joven bonita de cara, alta y de cuerpo atlético. Nacida en Indonesia, de madre holandesa y padre indonesio, tenía una tez morena clara y cabello rubio, que llamaba la atención. Hanna y Jazmine fácilmente se hicieron amigas. Una alemana pelirroja y una morena rubia. ¡Que interesante combinación! Pensé. *(Qué pasó con Hanna y con Jazmine es una anécdota digna de otro capitulo).*

Hanna y Jazmine hicieron los arreglos necesarios. Julio me puso al tanto de los arreglos:
========
Julio: "Se hicieron amigas fácilmente. No conozco el departamento de Jazmine, pero lo qué oí, ustedes estarán muy cómodos. No creo te tomará mucho tiempo conseguir el permiso de trabajo. Jazmine dijo que ella te puede ayudar. En los pocos días que estás acá, conseguiste una bella princesa que te cuide, un departamento y una amiga que te ayudará. No se como lo haces, sin saber el idioma, te las agencias muy bien."
ToTTó: "Tu fuiste el primero que nos ayudaste. A ti debo darte las gracias."
========
Esa noche dormimos en el dormitorio pequeño, del departamento de Jazmine.

Fin de la Anécdota
> > > > > > * * * * * * < < < < < <

103

Antonio de Pórcel Flores Jaimes Freyre

" *Julio:* "
*De manera que eres
un experto en Karate.*"

ToTTó:
"*¿Por que dices eso?
Se algo de Karate.*"

Julio:
"*Hanna me dijo
que casi matas a
Ramiro de un golpe.*"

ToTTó:
"*Eso no es Karate, es Aikido.*

Julio:
"*Hanna estaba asustada.
Dice que la calmaste a besos. Ja. Ja.*

*Eres experto en
ambas formas de defensa propia.*"

Anécdota 49 (V05-C42)
Martina María L.
(1954)
La Pianista Brasilera y Mi Primer Amor
La Paz, Bolivia- Brasil--

1950 Les conté de María L., Mi Primer Amor. *(Volumen 1, Capítulo 11, Páginas 121-126)*.

En 1954, cumplí 18 años. Terminé la escuela secundaria, con mi título de Bachiller {En Bolivia, ese título lo daban al terminar los 12 años de escuela: primaria y secundaria}. Era un joven presumido y orgulloso. Les conté que empecé a estudiar medicina y abandoné esos estudios antes de terminar ese año. Trabajé dos años en el Banco Nacional. *(Volumen 5, Capítulo 44, Páginas 131-148)*.

Pasaron los años, sin saber de María L., sin poder olvidarla. Dicen que el Primer Amor, nunca se olvida. Puede que sea verdad, al menos, en algunos casos, ese el mío. ¿Por qué? No lo sé. Pienso, porque cuando ella se fue, me quedé a medias, amando sin saber lo era el amor.

En 1957, empecé mis estudios de Filosofía en la Universidad de San Andrés en La Paz. Uno de mis profesores, necesitaba una familia que pueda y quiera ofrecer su casa para hospedar a una joven pianista brasilera. En la clase el profesor dijo:
========
El Profesor: "Mi amigo, el Director de la Orquesta Sinfónica de la Universidad, a invitado al Conductor que la Sinfónica de Rio de Janeiro, Brasil y a una joven concertista, a dar dos conciertos en el Paraninfo Universitario. Necesito conseguir dos familias que quieran y puedan ofrecer su casa, para que el Director y la pianista. se alojen durante algunas semanas. Por favor pregunten a sus familias si ellos pueden alojarlos y me avisan. Gracias."
ToTTó: "Profesor, es probable que la pianista necesite ejercitar bastante antes del concierto."
El Profesor: "No sólo es probable. Ella ejercitará en el Paraninfo cuando esté libre."

Antonio de Pórcel Flores Jaimes Freyre

ToTTó: "Usted sabe que el Paraninfo está ocupado la mayor parte del tiempo."
El Profesor: "Eso es verdad."
ToTTó: "En casa tenemos un lindo piano. Estoy seguro que mis padres pueden alojar a la pianista sin problema. Ella podrá ejercitar todo el tiempo, que el Paraninfo esté ocupado. ¿Qué le parece?"
El Profesor: "Tiene usted razón. Por favor pregunte a sus padres si pueden alojarla y me avisa."
========
Así fue que Martina, la joven pianista concertista, se alojó en casa de mis padres.

Martina era una muchacha 2 años mayor que yo. De cabello castaño, largo, que adornaba sus delicados hombros, bonita cara ovalada, cejas rubias tupidas, ojos verdes, grandes, mirones, nariz respingada, labios pequeños, sensuales. Buen porte, delgada, busto mediano. Linda cintura y hermosas manos de pianista.

Llegó a la casa acompañada del director, un señor de la edad de mi padre. Persona jovial que conversó con mi madre, mientras la pianista Martina, probaba el piano.
========
Hortensia: "Señor Director, me llamo Hortensia. Bienvenidos a mi casa, que desde ahora es suya."
El Director: "Gracias Hortensia. Mi nombre Joao. Espero que Martina no sea una carga para ustedes. Ella tiene que practicar 8 horas al día."
Hortensia: "No hay problema. Puede practicar todo lo que quiera, nos gusta la música."
Joao: "Eso está bien. Me alegro que sea así."
Hortensia: "¿Se le ofrece algo?"
El Director: "Gracias, por ahora nada. Debo ir a ver a la familia donde me voy a alojar. Deben estar esperándome."
Hortensia: "Ya sabe que está en su casa. Cuando usted tenga tiempo, por favor venga a visitarnos con toda confianza."
Joao: "Muchas gracias. Así lo haré."
========
Joao hablando a Martina:

========

Joao: "¿Qué te parece el piano? ¿Puedes practicar en él?"
Martina: "Es un lindo piano y está bien afinado. Si puedo y me gusta practicar en él."
Joao: "Muy bien. Te quedas con una familia excelente. Trata de no darles mucho trabajo."
Martina: "No les daré trabajo alguno. Sólo tengo que practicar, muchas horas, si eso no les molesta."
Hortensia: "Usted no se preocupe Martina, usted ya es de la familia. No somos muy rigurosos. Todo está muy bien. Estamos muy contentos de tenerla en la casa. Puede practicar todo el tiempo que quiera o que lo necesite."
Martina: "Muchas gracias señora Hortensia."
Hortensia: "Llámame Mamá Hortensia. Así me llaman todos."
Martina: "Gracias, Mamá Hortensia."

========

En un Volumen anterior, les conté que, en el primer piso de la casa, estaban: el salón grande de fiestas, el comedor para festejos, la biblioteca de mi padre, el comedor de diario, un baño, la cocina grande, un hall que daba al garaje. En la parte de atrás: el primer y el segundo patios, estaban los cuartos y el baño para las sirvientas.

En el segundo piso de la casa, había 6 dormitorios. El dormitorio de mis padres, y el de mi tío, hermano de mi madre, estaban en el ala derecha.

Mi dormitorio estaba en el ala izquierda de la casa, la ventana daba a la avenida. La ventana del dormitorio para visitas, donde se alojó Martina, daba al patio. Entre estos dos dormitorios estaba la sala de música, donde estaba el piano. El baño de visitas, quedaba al lado del cuarto de Martina. Tenía una ventana grande que daba al patio.

Al otro lado de mi dormitorio, con ventanas sobre la avenida, estaba el Salón de Estar, donde estaban las dos mesas de ajedrez, varios sillones, la radio y el estéreo. Una puerta a la terraza sobre la avenida, desde donde se veía el parque con columpios, sube-bajas y resbalador, otra puerta al corredor y a las gradas.

Antonio de Pórcel Flores Jaimes Freyre

Sólo tenía que pasar por la sala de música y por el dormitorio de visitas, para llegar a ese baño. Cunado Martina usaba el dormitorios de visitas, tenía pasar por el Salón de Estar y por el corredor, o usar el baño del primer piso.

A las 6 de la mañana levantaba para usar el baño. Martina, en pijamas, ya estaba practicando el piano. Me gustaba mucho oírla practicar el concierto para piano y orquesta número 2, de Rachmaninov que tenía que tocar en los conciertos.

A las 7 de la mañana, Lucila, la ama de casa que me crió desde que nací, mandaba a una de las sirvientas, para que bajemos a tomar desayuno. Martina y yo bajábamos al comedor de diario, que quedaba cerca de la cocina. Yo ya vestido, Martina en sus pijamas. Mi madre tomaba el desayuno con nosotros. Después de desayunar, Martina subía a vestirse y a seguir practicando. Me quedaba a conversar con mi madre. Mi padre y mi tío estaban acostumbrados a tomar el desayuno en cama.

A las 8 y media, cada mañana, mi padre y mi tío iban a trabajar. Mi madre a sus quehaceres. Yo tenía que ir, a mis clases en la facultad de Medicina. Decidí quedarme en casa oyéndola practicar.

Era costumbre trabajar de 9 a doce del medio día, ir a la casa a almorzar y volver al trabajo, de 2 a 6 de la tarde. A las 12, Martina bajaba a almorzar. Luego volvía a practicar hasta las 5 de la tarde, que venía al comedor de diario, a tomar el te. El "Te" era una costumbre inglesa de rigor en La Paz, que se practicaba en todas partes. Después del te, Martina volvía a practicar el piano hasta las 8 de la noche, hora de cenar. Después de la cena, seguía practicando por unas 3 horas, antes de dormir. Es decir que practicaba 9 horas al día. Cuando Martina decidía tener la tarde libre, salíamos, a pasear por la ciudad e ir a la cafería a tomar helados.
Martina quería practicar con la orquesta. Fuimos al Paraninfo de la universidad, donde la orquesta estaba practicando con el maestro. Durante el descanso, el maestro hablo con ellas. Luego ella me dijo:

Colección de Anécdotas Amoroso Sexuales Anécdotas: 46 -53

========
Martina: "No sé si podré tocar en el concierto."
ToTTó: "¿Por qué dices eso?"
Martina: "Estoy practicando sola, pero no es suficiente. Tengo que practicar con la orquesta y no está lista todavía. El maestro me dijo que les falta mucho."
ToTTó: "Hay tiempo todavía. No tendrás problema."
Martina: "Tengo mis dudas. Cuando los oí, me di cuenta que les falta mucho. No sé cuando estarán listos."
ToTTó: "Sigue practicando. Es el maestro quién tiene que decidir. No te preocupes del concierto. Diviértete lo más que puedas, como si estuvieras de vacación."
Martina: "Tienes razón. Eso haré. Gracias."
ToTTó: "Vamos al Club de La Paz, a tomar el te, con helados. ¿Qué te parece?"
Martina: "¡Qué lindo! Me encantan los helados. Vamos."
========
Estábamos sentados a una mesa tomando el te. De pronto vi que Martina se puso seria. Sentí que, a mis espadas, alguien tocaba mi cabeza, suavemente. Por un momento quedé inmóvil, sin saber que hacer. La verdad es que no me di cuenta de lo que estaba pasando. Soy tan despistado. Oí una risa burlona y una voz dulce que decía:
========
La Voz: "Sigues tan travieso. Siempre acompañado de una bella mujer. Me alegro de verte. Durante estos años, he estado pensado a menudo en ti. Soy tu Primer Amor."
========
La sorpresa me dejó perplejo, sin saber que decir. Martina, sin quitarle la vista, observaba a la persona, que seguía hablando.
========
La Voz: "Ahora te veo feliz, acompañado por la gran concertista brasilera. Tienes buena suerte con las mujeres, según lo que me han contado. Yo también tengo la buena suerte de encontrarte. ¿Adivinas quién soy? Soy la niña a quien enseñaste a trepar al tobogán sentada en tus hombros. Tu Primer Amor. ¿Te acuerda de mi?"
========
Me paré, me di la vuela, la miré y casi caí sentado en la silla. Tal fue mi sorpresa. Casi gritando, exclamé:

109

Antonio de Pórcel Flores Jaimes Freyre

========
ToTTó: "¡María L.! ¿Tu aquí?"
========
María L. Me tomó las dos manos, sonriendo y siguió diciendo:
========
María L: "Tu Primer Amor, que ya no es una niña. Llegué ayer. Hoy fui a buscarte a tu casa en Miraflores. Tu mamá me dijo que, llevaste a la concertista brasilera, al paraninfo de la universidad. En el paraninfo, pregunté por ustedes. Me dijeron ustedes estaban en el Club de La Paz. Acá me tienes. Ahora, no te me escapas."
========
Si más que decir, me dio un beso largo y apasionado y sonriendo, se sentó a mi lado. Empezó a conversar con Martina. Me sorprendió oírlas hablar en portugués, como buenas amigas, ignorando mi presencia.
========
María L: "Te llamas es Martina, la famosa concertista. Un placer conocerte. Soy María L. Su primer amor."
Martina: "He dado pocos conciertos. Todavía me falta mucho para ser una verdadera concertista. El placer de conocerte, es también mío. Muchas gracias por el elogio. ¿Por qué dices que Antonio es tu primer amor? Estoy curiosa."
María L: "No te voy a contar la historia ahora. Ya hablaremos de eso. Antonio, ToTTó, es el primer hombre a quien besé, cuando tenía 12 años. Era una niña traviesa, él tenia miedo a las mujeres."
Martina: "¡Que linda historia! Por favor me la cuentas enterita."
María L: "Te contaré esa y otras que me han contado, todas son increíbles, parecen comedias de la television, interesantes inventos. Pero creo que todas son reales. Ya tu verás. Antonio es un hombre travieso, lo era de chico y sigue siéndolo. Tienes que tener cuidado con él."
Martina: "¿Por qué dices eso de él? Me parece todo un caballero, gentil, muy educado, gracioso, de buen humor y muy servicial."
María L: "Tu lo no conoces todavía. Ya lo iras conociendo. Mejor es que tengas cuidado. No vayas a enamorarte de el."
Martina: "¿Enamorarme de él? Estás loca. Voy a estar acá apenas unas semanas. No tengo tiempo para esas cosas. Tengo que practicar para el concierto."
María L: "Te aconsejo que no estés tan segura. No lo conoces."

Martina: "¿Estás enamorada de él?"
María L: "Estaba cuando era chica. Creo que sigo enamorada. No estoy segura. Estos años he pensado en él. Cuando nos separaron, no nos despedimos. Quedé muy triste."
Martina: "Qué lástima. ¿Cómo y por qué los separaron?"
María L: "Cosas del destino. Cambio el gobierno, la policía política perseguía a mi padre. Salimos escapando, sin poder despedirnos."
Martina: "¡Qué barbaridad!"
María L: "Eso es común en Bolivia. Ahora, ya estamos de vuelta. Mi papa es ministro de Educación. Estaré en tus conciertos, tenemos un palco. Será un placer oírte tocar."
Martina: "No sé si habrá conciertos. La orquesta no está lista. Ejercito en casa de Antonio. Si quieres, puedes oírme tocar. "
María L: "Que bueno. Eso me gusta. No tengo que esperar al concierto."
Martina: "A mi también me gusta. Entonces, me puedes contar la historia de cuando eran chicos. Te dije que estoy curiosa."
========
Con el pretexto de oír a Martina, María L. visitaba la casa de mis padres varias veces a la semana. En poco tiempo, se hicieron muy buenas amigas.

A la semana de nuestro encuentro con Mari L. en el club de La Paz, Martina, me preguntó:
========
Martina: "Dónde haz estado anoche. Tenía mucha sed, me olvidé el vaso de agua. Como siempre estás despierto, entré a tu cuarto, pero tu no estabas ahí. Llegaste al amanecer, está mañana, cuando yo estaba practicando. No entraste a saludarme como siempre, lo haces. Me llamó la atención. No es que quiero controlarte".
ToTTó: "Somos amigos. Te respeto como mujer, no te voy a mentir. Pero ahora no puedo decirte donde estaba anoche."
Martina: "¿Por qué no puedes? ¿Es un secreto?"
ToTTó: "Te prometo que te lo diré en cuanto pueda."
Martina: "Está bien, si quieres ser el misterioso. Ya María L. me dijo que tenga cuidado contigo."
========

111

Antonio de Pórcel Flores Jaimes Freyre

Ese día, hablé con María L.:
=========
ToTTó: "Martina me preguntó donde he estado anoche. No le dije que estuvimos juntos. Quería hablar contigo primero."
María L.: "Pensé que se enamoraría de ti. ¿Qué le dijiste?"
ToTTó: "Le dije que no le voy a mentir, porque la respeto como mujer y como amiga. Que le diré la verdad cuando pueda. Quería hablar contigo primero, porque tu debes saber lo que está pasando. Le puedo decir que hable contigo. Que te pregunte a ti. A no ser que tu quieras, que yo se lo diga."
María L.: "Ja. Ja. Ja. Te las sabes todas. La niña, está curiosa, me ha preguntado muchas cosas de ti."
ToTTó: "¿Qué le haz contado?"
María L.: "Algo de lo que me han dicho de ti."
ToTTó: "¿Cómo sabes que, lo que te han dicho es verdad?"
María L.: "No soy una tonta. Claro que es verdad. Varias amigas de tu hermanita, me lo han dicho, con detalles. No es posible que todas se inventen los mismos detalles. Se lo qué y cómo lo haces. Te conozco mosco. Eras así de chico. Me apretabas las piernas con cuidado, cuando yo sentada en tus hombros y subíamos al tobogán. Cuando columpiaba en el parque, abobado y sin disimular, me mirabas, las piernas. Sabía que te gustaba mirarlas, por eso te las mostraba. Cuando, de ocultas, miraste muy atento, cuando me quité el vestido, para que la Lucila lo cosa. Creías que yo no me daba cuenta. Eras y sigues siendo un despistado. Yo le diré a Martina donde estabas. También le diré lo qué y cómo lo estábamos haciendo. No para que se antoje, para que no tenga miedo."
ToTTó: "Dile lo que quieras. Eres libre cuando estás conmigo."
María L.: "Que chistoso que eres. Claro que te conviene que se lo diga. Además debes saber que siempre he sido una mujer libre. Tu no te haz dado cuenta. Martina es una linda persona, muy sensible. He llegado a quererla mucho, es mi amiga. No la lastimes. Si ella quiere hacer el amor contigo no te hagas rogar. Martina me dijo que es virgen y está curiosa. Tu sabes como hacerlo. Ella me lo va a contar, de eso estoy segura."
ToTTó: "Esas no son mis intenciones. No he pensado ni creo que podamos hacer el amor. No nos conocemos todavía."

Colección de Anécdotas Amoroso Sexuales Anécdotas: 46 -53

María L.: "Esas intenciones van a ser las de Martina. Está enamorada de ti, me lo ha dicho. Vuelvo a pedirte que no la lastimes. Será su primera experiencia que es muy importante."
ToTTó: "¿Cómo puedes pensar que la lastime?"
María L. "Te lo digo, porque algunas veces eres muy juguetón, te gusta hacer bromas, quizás ella no las entienda."
ToTTó: "Ahora te entiendo. Tendré cuidado."
María L. "Yo hubiera querido hacer el amor contigo, cuando era virgen, pero no se pudo. Sabes que te quiero mucho. No estoy ni soy celosa. *{Lo que pasó con Martina, es otra anécdota digna de un nuevo capítulo.}*
=========

La orquesta sinfónica tardó bastante tiempo en estar lista para los conciertos. Martina ya no necesitaba practicar tanto tiempo. Los tres, con María L. pasábamos mucho tiempo juntos, paseando y divirtiéndonos, como tres alegres jovencitos.

Martina se enamoro de mi y yo de ella. María L. y yo seguíamos amándonos. Como lo predijo María L. Martina le contó con detalles nuestra luna de miel. Fue entonces que ellas empezaron a compartir nuestras escapadas. Mujeres maravillosas que me amaban con una entrega total, sin condiciones con un amor verdadero.

Todo llega a su fin. Después de los conciertos, que fueron todo un éxito, Martina y María L. viajaron juntas al Brasil. No sabía que, cuando la familia de María L. tuvo que dejar el país apresuradamente, se exilaron en el Brasil.

Al año siguiente recibí una carta de las dos, invitándome a pasar los carnavales con ellas en Rio de Janeiro. Fue el mejor carnaval que pasé en mi vida. *(Esta es otra anécdota digna de un nuevo capítulo.)*

Fin de la Anécdota

>>>>> * * * * * <<<<<

Antonio de Pórcel Flores Jaimes Freyre

El "Orgasmo Amoroso"
es una maravilla,

es la culminación de ese inmenso
amor.

Después del acto sexual,
se sigue amando,

como si nada podría satisfacer el

amor que sienten.

Colección de Anécdotas Amoroso Sexuales Anécdotas: 46 -53

Anécdota 50 (V05-C43)
Andrea - Mercedes - Celia
(1970 -1971)
La Hermosa Chilena
Stanford

En mi segundo año en la universidad de Stanford, era candidato a doctorado y estaba de asistente de investigación, del nuevo profesor R.C., un sicólogo especializado en investigación experimental.
(Ver acerca de Alice, en Volumen 1; Capítulo 12 ; páginas:121-132"; Volumen 2, Capítulo 22 ; páginas:161-172).

El doctor R.C. era muy buen investigador, dominaba su materia, pero no era buen profesor. Era muy difícil para los estudiantes, en sus clases de diseño experimental, entender lo que él quería enseñar. Llenaba el pizarrón con fórmulas, que no sabía explicar en términos simples. El trabajo práctico debía hacerse en el centro de computación. Tenían que aprender a trabajar con la computadora, era un IBM de un tamaño casi descomunal. Felizmente, durante mi primer año, aprendí a usarla, de manera no me era difícil ayudarlos con sus trabajos prácticos.

Tenía a mi cargo varios candidatos a doctorado a quienes ayudaba con sus estudios, sus investigaciones y sus disertaciones de doctorado. Al principio, tenía mi cargo tres estudiantes, candidatos a doctorado. Trabajábamos en, la pequeña oficina del doctor R.C.. Cuando otros candidatos se enteraron que yo estaba ayudando con sus disertaciones, pidieron al Doctor R.C. permiso para trabajar conmigo. R.C. no tuvo inconveniente en darles su permiso. No tenia problema, pero necesitaba una oficina más grande.
El los campos de la universidad, cerca de la Facultad de Educación, había dos casas viejas semi abandonadas, que nadie las usaba. Una podía ser usada. Hable con R.C. acerca de esa casa.
========
ToTTó: "Doctor, usted ha autorizado a varios estudiantes para que trabajen conmigo. Eso está bien, los puedo ayudar, pero no tenemos espacio suficiente. He usado una u otra aula libre, pero eso no funciona. Tenemos necesidad de mayor espacio."

Antonio de Pórcel Flores Jaimes Freyre

Doctor R.C.: "¿Qué crees que yo puedo hacer?"
ToTTó: "Si me da permiso para hablar con el Decano, creo que yo puedo conseguir más espacio."
Doctor R.C.: "Tienes mi permiso. Habla con él. Pero no creo que puedas hacer milagros."
========
Con ayuda de Andrea la secretaria del Decano, pude hablar con el decano acerca de esa casa y de la necesidad que teníamos de espacio. El Decano, un profesor italiano de muchos recursos, hizo arreglar la casa en menos de una semana. El doctor R.C., muy ufano, hizo poner un letrero: "Centro de Investigación Educativa Experimental: Doctor R.C. Director.
A la entrada del primer piso, estaba la oficina de la recepcionista. En una sala grande, asigné a cada uno de los estudiantes su escritorio personal. En el segundo piso estaba la oficina del doctor R.C., la oficina de la secretaria. En el tercer piso, en un altillo estaba mi oficina, que tenía una linda vista, de la lagunita. Mi escritorio, un sillón cómodo, dos archivadores grandes, una mesa con cuatro sillas y otra más pequeña con una máquina de escribir, un teléfono y mi cafetera italiana especial, para café expreso.

Con gran pompa, el decano, varios profesores y el doctor R.C., iniciaron la apertura del Centro. Ese día fui invitado al almuerzo de celebración en el club de profesores, donde se oyeron varios discursos. Como era de suponer, el Centro necesitaba una recepcionista y una secretaria.

La siguiente semana, Andrea, la secretaria del decano me llamó diciendo:
========
Andrea: "Antonio, ven a la oficina ahora mismo."
ToTTó: "Será un placer verte y gozar de tu compañía. Quizá podamos almorzar juntos hoy día. Ahora voy."
Andrea: "Ya empiezas con tus tentaciones. Otro día almorzamos."
========
En la oficina de Andrea estaba una linda mujer, alta, morena, de cabello negro azabache, ojos verdes, bella figura. La miré y le sonreí. Soy tan despistado, pensé que estaba esperando al decano.

========
Andrea: "Quiero presentarte a Mercedes. La nueva secretaria del Centro. Dio un examen excelente, el Decano me ordenó hacer sus papeles y que te la presente."
========
Quedé agradablemente sorprendido. No esperaba eso. Me acerqué a Mercedes y le dije:
========
ToTTó: "Bienvenida al Centro. Un placer trabajar con usted.'
========
Hablando en español, con dejo chileno, me contestó:
========
Mercedes: "Antonio. Cuando estaba trabajando como asistente de secretaria en el centro de computación, he odio hablar de ti. Tenía curiosidad por conocerte. Tu fama te persigue. El placer puede que sea mío."
========
Luego siguió hablando en inglés
========
Mercedes: "Por favor perdone que hable en español, sólo quería saber si usted entiende español. Estoy contenta de ser la nueva secretaria del Centro. Usted verá que soy muy buena secretaria."
ToTTó: "Nada que perdonar. Si entiendo español, soy boliviano. Estoy seguro que usted es una buena secretaria. ¿Cuándo empieza a trabajar con nosotros?"
Mercedes: "Ahora mismo si usted lo desea. Me gustaría, si es posible ver las oficinas del Centro."
ToTTó: "Claro, desde luego. Esa es una buena idea. Venga conmigo a ver su oficina y a conocer algunos de los estudiantes. Será un placer presentarla."
Mercedes: "Usted siempre tan gentil y educado. Vamos."
========
Andrea se quedó mirándome, moviendo la cabeza de arriba a abajo. Yo sabia que me pediría explicaciones, en cuanto tenga la oportunidad. A la semana Andrea me llamó:
========
Andrea: "Hola Antonio. ¿Sabes que mañana es feriado? La universidad estará cerrada."

Antonio de Pórcel Flores Jaimes Freyre

ToTTó: "No lo sabia. Ya sabes que soy un despistado."
Andrea: "Me invitaste a almorzar el otro día. ¿Quieres almorzar conmigo mañana?"
ToTTó: "Me encantaría. Vamos al restaurante que tu quieras."
Andrea: "No quiero ir a un restaurante. Almorzamos en tu oficina. Yo llevo el almuerzo. Me esperas en la puerta a las doce y media. No te olvides."
ToTTó: "Ja. Ja. Ja. ¿Cómo crees que me voy a olvidar? Hacemos como tu quieras, ya sabes que eres libre. Te espero."
Andrea: "Ya lo sé, me haz dicho varias veces, que me respetas porque soy mujer. Estaré puntual."
========
No me sorprendió que quiera un almuerzo un poco más personal. sospechaba que ella me pediría una explicación acerca de Mercedes. Me sentía atraído a ella, quería conocerla un poco más. Éramos amigos. Ella me ayudaba siempre, con muy buena voluntad. pensé que estaba curiosa, porque Mercedes hablo en español.

Al día siguiente, Andrea llegó puntual. La estaba esperando en la puerta, como ella quería. Parecía una quinceañera. Su cabello rubio, en forma de cola de caballo. No vestía traje de secretaria. Una blusa de seda blanca, falda floreada, bastante corta, sin medias, zapatos de tenis. Traía una bolsa grande. Me acerqué a ella, tomé la bolsa y la invité a entrar. Cerré la puerta. Ella me dijo.
========
Andrea: "Lindo día. Gracias por esperarme en la puerta. ¿La cerraste con seguro?"
ToTTó: "Si es un lindo día. No creo que es necesario cerrar la puerta con seguro. Almorzamos acá que hay más campo."
Andrea: "Me han dicho que tienes una oficina arriba. Mejor almorzamos ahí. Por favor, cierra la puerta con seguro."
========
Cerré la puerta y me quedé pensando. Ella quería una explicación, de eso yo ya estaba seguro. Andrea, sin decir más, subió las gradas delante mío, caminando coquetamente, luciendo parte de sus encantos. Me llamó la atención. Era muy recatada, siempre seria, de pocas bromas. Yo no conocía esa otra parte, de su personalidad.

En mi oficina, puso en la mesita dos platos, cubiertos de plástico, dos ensaladas. Acerco la silla y me invitó a sentarme y se sentó a mi lado. Fácilmente destapó la botella de vino, puso dos vasos sobre la mesita. Ya iba a servir el vino en las dos copas, cuando le dije:

========

ToTTó: "Sirve una copa para ti. Yo no tomo licor. Después del almuerzo, prepararé un rico café para los dos."

Andrea: "¿Estás seguro? ¿No te gusta el buen vino? Ese vino es especial."

ToTTó: "Estoy seguro. No tomo licor, porque se me sube a la cabeza, muy rápido y no me gusta el efecto."

Andrea: "Bueno. Te lo pierdes. Ya te voy conociendo. Me gusta tomar uno o dos vasos con las comidas. Es costumbre italiana."

========

Las ensaladas estaban deliciosas. Conversamos de cosas sin importancia. Preparé el café y no s sentamos en el sillón. Le pregunté:

========

ToTTó: "Perdóname. Estoy curioso, ¿Por qué escogiste mi oficina par almorzar?"

Andrea: "Eres un payaso despistado. Eso no se pregunta a una dama. ¿Por qué crees tu?"

ToTTó: "¡Humm! Porque es más personal. Un almuerzo un poco más íntimo, supongo."

Andrea: "Sé mucho de ti. Todos te conocen, tienes una fama. ¡Dios me libre! Te presentas como un caballero, muy gentil y educado. Eres un mujeriego. Tenía curiosidad de conocer tu oficina, donde dicen que pasan muchas cosas privadas. ¿Es verdad eso?"

ToTTó: "No es bueno oír comentarios y creer en lo que dicen."

Andrea: "Eso yo lo sé muy bien. Por eso te pregunto. Parece que no quieres contestar. ¿Por qué será? ¿Tienes confianza en mi?"

ToTTó: "Tengo tanta confianza en ti, como tu la tienes en mi."

Andrea: "Ya me dijeron que tenga cuidado contigo, tienes una buena respuesta para cualquier pregunta. Eres un mago con las palabras. Pero a mi, no me embaucas."

ToTTó: "Andrea. Somos amigos. Aunque todavía no nos conocemos, te respeto como mujer, como respeto a todas las mujeres. Mi mamá me lo ha enseñó desde que yo era chico."

Antonio de Pórcel Flores Jaimes Freyre

Andrea: "¡Tu mamá te lo enseñó! Debe ser una gran mujer. No lo he oído antes. Dices que respetas a todas las mujeres. No se si debo creerte. ¿Eres un mujeriego? Eso es falta de respeto."
ToTTó: "Tienes razón. Eso es una falta de respeto. No soy un mentiroso ni soy un mujeriego. Mujeriegos son, hombres que no se respetan a si mismos y no respetan a las mujeres. Los hombres que las usan como objetos sexuales, ellos son los mujeriegos."
Andrea: "Que bonito, fácilmente te sales del atolladero. Tienes muchas amigas. Eso lo sé. ¿Las respetas a todas?"
ToTTó: "Si. Las respeto a todas. Si quieres puedes preguntarles, para cerciorarte. ¿Haz hablado con alguna de ellas?"
Andrea: "Claro que no. ¿Que les puedo preguntar? Me dirán lo que quieran de su vida privada. No me dirán necesariamente, la verdad."
ToTTó: "¿Crees que mis amigas son unas mentirosas? Eso es una falta de respeto. Me sorprende, que lo digas, sin conocerlas."
Andrea: "Te doy un ejemplo. Esa tu amiguita Mercedes. Te habló en español, creyendo que yo no entiendo. Después quiso disimular."
ToTTó: "Creo que la estás interpretando mal. ¿Sabes que dijo?"
Andrea: "Dijo que sabe de tu fama, que el placer podía ser de ella."
ToTTó: "Si eso me dijo. Entendiste bien. Pero no te estás dando cuenta, que ella dijo lo mismo que tu me estás diciendo de mi fama. Oyes lo que dicen y lo tomas a pie juntillas, creyendo que es cierto. Eso es lo que ella hizo y lo que tu estás haciendo ahora. Es una falta de respeto a mi, creer lo que dicen, sin comprobarlo. Ya te dije que no soy un mujeriego. Debes creerme. No soy un mentiroso. No tienes porque ofenderme."
========
Andrea se quedó callada por un momento, sorprendida con mi cambio de tono y con mi seriedad.
========
Andrea: "¡Hay! Por favor, perdóname. No quise ofenderte. Eres un hombre diferente. No es fácil comprenderte. Estoy muy curiosa. perdóname."
ToTTó: "Nada porque perdonarte. Por favor, no me vuelvas a pedir perdón en tu vida. Te quiero mucho. No se si te haz dado cuenta. Eres una gran mujer. Puedes estar segura que nunca te mentiré, ni te engañaré. Eres libre de hacer lo que quieras."

Andrea muy emocionada, casi llorando.
========

Andrea: "Yo también te quiero mucho. Soy una tonta. Me dio miedo decírtelo y que tu te rías de mi. Hace tiempo que estoy enamorada de ti y tu no te haz dado cuenta. Eres un despistado. Quiero hacer el amor contigo, ahora, aquí mismo. ¿Por que crees que he preparado todo esto?"
ToTTó: "Yo también quiero hacer el amor contigo, pero no aquí."
Andrea: "¿Por qué no aquí? Estamos solos, nadie nos molesta y nadie sabrá lo que estamos haciendo."
ToTTó: "Porque no tenemos algo que ocultar. Porque somos libres de hacer lo queremos sin tener vergüenza, porque no tenemos miedo de decir, mostrar y vivir la verdad. Por eso."
Andrea: "Te entiendo y quisiera que fuera así. Pero tu eres un hombre casado."
ToTTó: "Esa no es una disculpa para ocultar la verdad. Maru, mi esposa, sabe que estamos almorzando en esta oficina."
Andrea: "¿Cómo dices? ¿Ella sabe? Que vergüenza me da. La conozco, es una bella persona. ¿Se lo dijiste?"
ToTTó: "Maru sabe con anterioridad todo lo que yo hago o lo que voy hacer. No tenemos secretos. La sinceridad es la base de todo amor. Si no hay sinceridad, hay engaño. Si hay engaño, no hay Amor. Yo la quiero mucho y somos muy felices. Nos aceptamos y nos queremos tal como somos, con nuestras virtudes y defectos. ¿Sabes lo que ella me dijo anoche?"
Andrea: "¡Wau! Nunca he oído algo así. ¿Que de dijo?"
ToTTó: "Me dijo que te conoce y que le caes muy bien, que quisiera conocerte y ser tu amiga. Me dijo que no te lastime, sabe que eras muy sensible. Le prometí que no te voy a lastimar."
Andrea: "¡Hay, Dios mío! No sé en que estoy metida. Yo también he pesando en ser su amiga. Ella es muy dulce y reilona, eso me gusta de ella."
ToTTó: "Acércate a la ventana."
Andrea: ""Para que quieres que me acerque a la ventana?"
ToTTó: "Para que veas la lagunita."
Andrea: "Conozco la lagunita."
ToTTó: "En la lagunita haremos el amor hoy día, a vista de todo el mundo, sin ocultar que nos queremos. Es más romántico."

Antonio de Pórcel Flores Jaimes Freyre

Andrea: "Eres un loco. Sólo a ti se te ocurre eso. Tienes razón. No tenemos que ocultar que nos queremos. Es la primera vez que voy hacer el amor en público. Vamos." *(¿Qué pasó con Andrea? Esta es una anécdota digna de otro capítulo).*
========
El Centro se llenó de estudiantes, no sólo los que eran alumnos de R.C., sino otros alumnos que necesitaban ayuda con la computadora.

Mercedes era una secretaria excelente. En poco tiempo se hizo indispensable, ella lo organizaba todo. La cantidad de estudiantes llegó al extremo yo no podía ayudar a todos. Mercedes me dijo:
========
Mercedes: "Antonio, tienes que hacer algo, cambiar el sistema. Tu no puedes ayudar a todos. En poco tiempo este centro será un fracaso."
ToTTó: "Tienes razón. He estado pensando en eso."
Mercedes: "No basta que te quedes pensando. Tiene que actuar ya, no puedes esperar más. Te voy ayudar en lo que pueda. Me tienes que decir que vamos a hacer."
ToTTó: "Prepara una lista de los que están más adelantados. Mañana te daré el borrador de un cuestionario. Lo pasas a los de la lista. Te enseñaré como corregir el cuestionario. ¿Qué te parece?"
Mercedes: "Puedo preguntar" ¿Para qué servirá ese cuestionario."
ToTTó: "Para seleccionar a los estudiantes."
Mercedes: "¿Quieres enseñarles como ayudar a los otros?"
ToTTó: "Si, ese es el plan. Daré un seminario de dos semanas, una semana aquí y la otra en el centro de computadoras."
Mercedes: "¿Crees que dos semanas serán suficientes?"
ToTTó: "No lo sé. Tenemos que experimentar. Creo que este Centro es experimental. Vamos a tener mucho trabajo. Esta semana, trataré de preparar los materiales que vamos a necesitar. Una especie de manual, que explique lo que se tiene que hacer para ayudar a los estudiantes."
Mercedes: "¿Vas a preparar ese manual en una semana?"
ToTTó: "Tengo que tratar. Me dijiste que hay poco tiempo."
Mercedes: "Tienes razón. Trabajamos sobre tiempo. No importa que no me paguen. A ti no te pagan, ¿verdad?"

ToTTó: "Me pagan como a un ayudante de profesor, eso es todo."
Mercedes: "Eso es muy poco. Estoy segura que cuando ese manual esté listo, lo van a vender a buen precio."
ToTTó: "Eso seria estupendo."
Mercedes: "¿Por qué dices eso? No me parece estupendo que hagan eso. No es justo."
ToTTó: "Si hacen eso, quiere decir que el manual que tu y yo hemos creado es bueno. Tu nombre estará escrito, como autora, quieras o no. Vas a tener que escribirlo en limpio y corregirlo. Lo conocerás de arriba para abajo. Estoy seguro puedes enseñarlo. Al principio como mi ayudante. Después te haces cargo de los seminarios. ¿Qué te parece?"
Mercedes: "Eres un loco. Me gusta la idea. Me gusta trabajar contigo. Ese manual será estupendo, te lo prometo. No quiero ser siempre una secretaria."
========

Fue así que empezamos los seminarios de entrenamiento, usando el manual. Los seminarios estuvieron a cargo de Mercedes. Años después, Mercedes estudió lingüística. La publicación del manual, facilitó su admisión, como candidata al doctorado, en la Universidad de California, San Diego. Obtuvo su doctorado, llegó a ser profesora de una universidad bastante famosa.

Es interesante hacer notar, que todos los estudiantes que participaron en el Centro, a quienes ayudamos, obtuvieron sus doctorados. Yo no pude obtenerlo, porque mi inglés no estaba a la altura de lo requerido. Ese era un requisito muy necesario.

No aceptaron ninguna de las tres disertaciones que presenté. Me sugirieron que contraté o pida la ayuda a un buen escritor, para que las vuelva a escribir. Pero no acepté. Si no lo puedo hacer yo, se queda así. Ese es y ha sido siempre mi 'lema'.

Ustedes creerán que soy, muy orgulloso. No se trata de eso. Es más bien el resultado de una fuerte y constante disciplina personal, sin la cual, es casi imposible lograr los objetivos que uno se propone.

Antonio de Pórcel Flores Jaimes Freyre

Volviendo a Mercedes

Andrea, Mercedes y Maru se hicieron buenas amigas. Las tres compartían todas sus aventuras amorosas. Eso yo no lo sabia, tan despistado que soy. Un día, Mercedes me preguntó:
========
Mercedes: "¿Sabes por qué, Andrea y Maru se ríen, cuando hablo de ti y le cuento lo que hacemos en el Centro?"
ToTTó: "¡Qué preguntita! ¿Por que crees que tengo la respuesta?"
Mercedes: "Porque algo pasa entre ustedes tres. ¿Haz hecho el amor con las dos?"
ToTTó: "Creo que eso tienes que preguntar a ellas no a mi."
Mercedes: "Ja. Ja. Ja. Eres un payaso. Les pregunte. Se rieron. Maru me dijo que te pregunte. Por eso, te estoy preguntando. No creas que me importa."
ToTTó: "Si no te importa: ¿Por qué me preguntas?"
Mercedes: "Estoy curiosa. Nada mas. Creo que ellas ya saben lo que pasa entre tu y yo."
ToTTó: "Si lo saben. Saben todo lo que yo hago, antes que lo haga."
Mercedes: "¿Cómo lo saben?"
ToTTó: "No tengo secretos con ellas ni con persona alguna."
Mercedes: "No te creo. Si no tienes secretos: ¿Cómo es que yo lo no sabia?"
ToTTó: "Por favor. No me llames mentiroso. No tienes porque ofenderme."
Mercedes: "No es mi intención ofenderte. ¿Cómo puedes pensar eso? Sabes que te quiero. Me estás lastimando."
ToTTó: "Perdóname. Yo también te quiero mucho. Si alguna vez te lastimo, sin querer, me duele mas, a mi que a ti."
========
Nos besamos por largo tiempo. Mercedes conteniendo apenas el llanto y yo también. Fue un momento, lleno del amor mas puro, que uno se pueda imaginar, que no creo olvidaré en mi vida.
========
ToTTó: "Quiero que sepas que no tengo secretos contigo ni los voy a tener. Eso te prometo. Si no te expliqué mis relaciones con Maru y con Andrea, no estaba ocultando algo. Nunca te engañaré."

Colección de Anécdotas Amoroso Sexuales Anécdotas: 46 -53

Mercedes: "Te creo y confió en ti. Bien lo sabes. Sólo me llamó la tención que se rían de mi y no me contesten."

ToTTó: "No te lo dije por tonto que soy, por despistado. Mi error fue pensar que tu ya lo sabías. Ustedes son muy amigas. No puedo creer que tu no lo sabías. Perdóname, por favor."

Mercedes: "No tienes que pedirme perdón. Yo debía suponerlo. Soy como tu, muy despistada. Me molestó que se reían de mi, nada más."

ToTTó: "Creo que estás equivocada. No creo que ellas se estaban riendo de ti. Les causo gracia que tu no lo sepas, que les hagas esa pregunta. Ellas saben que no tengo secretos."

Mercedes: "¿Por qué no contestaron mi pregunta? Me pidieron que te pregunte. Eso me llamó la atención."

ToTTó: "Porque estabas hablado de mi, y yo no estaba presente. No les gusta hablar y a mi tampoco, de la tercera persona, si ella no está presente. Por eso. Ellas saben que yo te iba a decir la verdad."

Mercedes: "¿Cuál es la verdad?"

ToTTó: "La verdad es que te quiero mucho como las quiero a ellas. No he tenido sexo por el sexo con ellas. Hacemos el amor, como lo hacemos tu y yo."

Mercedes: "¿No se ponen celosas?"

ToTTó: "Claro que no. Los celos no son una señal de amor, son una señal de necesitar que a una la amen. Ellas no necesitan ser amadas, ya saben que lo son. ¿Estás celosa?"

Mercedes: "No estoy celosa porque se que me amas. Si amas también a Maru y a Andrea, y si ellas están felices, riendo, yo también me siento feliz por ellas. Son mis amigas. Pero no te creas que me quedaré calladita. Ya me oirán, en buena cepa." *(¿Que pasó con Mercedes? Esa es otra anécdota diga de otro capítulo.)*

========

No sé que hablaron entre ellas, pero, desde entonces llegaron a ser las tres mejores amigas.

Fin de la Anécdota

> > > > > > * * * * * < < < < < <

Antonio de Pórcel Flores Jaimes Freyre

No nos engañamos.
No tenemos secretos.

Somos sinceros y respetamos
la verdad.

Por eso somos felices.

Ese es el verdadero amor.

Cuando amas, quieres
que la persona que amas sea feliz.

Tienes que respetar
su felicidad."

Anécdota 51 (V05-C44)
Lucero, Edith, Anahí y Elva
(1956)
La Paz - Chulumani
Imitando a una Imilla

En 1956, mi segundo año trabajando en el banco, seguía de comodín. Faltaba un empleado y era yo, quien tenía que tomar su puesto. Un buen día el gerente, Don Eulogio, me llamó.

========

Don Eulogio: "Chico. Ahora te dedicas a rematar dólares. Tienes buena voz. Te he oído declamar. Lo haces bien. El próximo lunes, a medio día, empiezas. Habrá mucha gente. ¿Sabes rematar?"
ToTTó: "Nunca lo he hecho, pero no debe ser difícil. Usted, Don Eulogio, no se preocupe. Leeré las instrucciones y ejercito en casa, delante de mi papá. ¿Que debo hacer después del medio día?"
Don Eulogio: "Cuando acabes de rematar, vas almorzar. Vuelves a las 3 para escribir tu informe. Cuando lo acabes, lo dejas en mi escritorio y tomas tu tiempo libre."
ToTTó: "Gracias Don Eulogio por darme un tiempo libre."
Don Eulogio: "Te lo mereces, si haces un buen trabajo con esos dólares. Es un verdadero dolor de cabeza."

========

No tenía idea de cómo lo iba a hacer. Las instrucciones no eran claras. Decían lo que tenia que hacer, pero no explicaban como hacerlo. Estaban escritas en papel del ministerio de hacienda, eso me llamó la atención. En casa se las mostré a mi papá. Las leyó varias veces, con cuidado y me dijo.

========

Alberto: "Te han ascendido de puesto, sin cambio de sueldo."
ToTTó: "¿Por qué dices eso?"
Alberto: "Por que este trabajito es bastante serio. Es una orden al banco que viene directamente del ministerio de hacienda."
ToTTó: "No te entiendo. Explícame por favor."
Alberto: "No entiendes porque no lees los periódicos."

127

Antonio de Pórcel Flores Jaimes Freyre

ToTTó: "¿Qué tienen que los periódicos con el banco?"
Alberto: "Te explicaré."
========

Mi padre tenía razón. Estaba publicado en el periódico. La orden venía del gobierno, por medio del ministerio de hacienda. La ayuda Americana, estaba haciendo un préstamo, para nivelar la economía y tratar de parar la inflación, que estaba casi matando al país. El préstamo era en dólares.

El gobierno tenía la obligación de repartir esos dólares a la población, en forma justa. Especialmente a comercio y a la industria. Sólo una parte de los dólares debía ser repartida a los ciudadanos. Esa parte era la que el banco tenia que rematar. Ese era mi trabajo.

El día anterior, antes que cierre el banco, el gerente recibía una cantidad de dólares que se debían rematar. El remate se llevaba a cabo cada día, a las 12, antes del almuerzo. Me llamó la atención que, con los dólares, venía una lista de personas, a las que se debía entregar los dólares, sin necesidad de participar en el remate. De manera, que sólo se remataba parte del total del monto de dólares, la otra parte ya estaba repartida antes del remate. Pregunté al gerente:
========
ToTTó: "Don Eulogio. Usted perdone, ¿Qué debo hacer con esta lista?"
Don Eulogio: "Ese no es tu problema, ni es problema del banco. Tu rematas la cantidad que sobra y listo. Pero ten mucho cuidado. No puedes hablar del asunto a persona alguna, es peligroso. Esa lista es totalmente confidencial. Es por eso que te di este trabajo. Por que tengo confianza en ti. Tu calladito, rematas lo que queda."
========
Qué lindo negocio, pensé. El dólar de remate costaba $120 bolivianos. El dólar en la bosa negra se vendía en 12.000 bolivianos. Interesante como se repartía la ayuda americana.

Se preguntaran: ¿Por que este bohemio nos cuenta todo esto? ¿Que relación tiene este negociado, con el amor, que es el el tema de su auto biografía?

Trataré de responder estas preguntas. Ya veremos.

128

Colección de Anécdotas Amoroso Sexuales Anécdotas: 46 -53

Como tenía tiempo libre, todas las tardes iba a tomar el te al Club de La Paz. Esa hora era muy popular, se llenaba de gente. Una de esas tardes, una pareja muy elegante, entró al club y se quedó parada, buscando una mesa vacía. Todas estaban ocupadas. Como yo estaba sólo. Me paré y les ofrecí la mesa, diciendo:
========
ToTTó: "Perdonen. Parece que están buscando una mesa. No me han traído todavía el te, ni los pasteles que pedí. Estoy sólo. Usen esta mesa, yo tomaré mi te, en la barra."
La Señora: "Me llamo Lucero, mi esposo Mike. Gracias por ofrecernos la mesa. De ninguna manera permitiré, que tome su te en la barra. Usted se sienta con nosotros."
Mike: "Mi señora tiene razón, usted es nuestro invitado. Gracias."
ToTTó: "Gracias a ustedes. Es un honor para mi. Me llamo Antonio, mis amigos me llamas ToTTó. Es un placer conocerlos."
========
Invite a Lucero a sentarse, haciendo una pequeña venia y recorriendo la silla.
========
ToTTó: "Tomé asiento, por favor. Póngase cómoda. En esta silla no le dará el sol, en sus bellos ojos."
========
Lucero me miró sorprendida. Mike se río a carcajadas.
========
Mike: "Veo que usted no pierde el tiempo. A mi mujer le encantan los piropos. Ja. Ja. Ja. Usted tiene gracia y es ocurrente. No creo que alguien dijo eso a Lucero. Ja. Ja. Ja. Usted es un buen observador. Lucero tiene lindos ojos."
Lucero: "Ya basta de tonterías. Pórtense bien. Me están haciendo sonrojar. Antonio con su venia y tu con tus risotadas. La gente nos está mirando. Parece que el diablo los juntó. Uno para el otro. ¡Qué haré con ustedes!"
========
Lucero mostraba un carácter serio, de dama de sociedad. Pero era muy dulce y sensible. Mike era un bromista como yo.
Lucero era 8 años mayor que yo. Mike era 10 años mayor que Lucero. ¡Que trio! Pasó el tiempo y nos hicimos amigos.

Antonio de Pórcel Flores Jaimes Freyre

Dos sábados al mes, Lucero daba una fiesta, invitaba a personas de la alta sociedad paceña. Yo era su ayudante. El pianista de turno. Llegué a conocer a mucha gente. La mayoría, conocía a mi familia. Algunas señoras, habían sido condiscípulas de mi madre, en el colegio de señoritas, Santa Ana.
Un viernes en la tarde, debía llevar algunos adornos para la fiesta de ese sábado. Perdí la lista que me dio Lucero. Soy tan despistado. Llame por teléfono. Me contestó una de sus sirvientas: *(escribo como hablaban las sirvientas en ese entonces.)*
========
La Sirvienta: "La casa del Siñura Luciro. ¿Qui te quiris?"
ToTTó: "Por favor, llama a la señora Lucero. Es urgente."
La Sirvienta: "Hay Caballiro. Tu sempri urginti. La Luciro no esta puis aquí. Si esta bañando disnudita. No puido puis di molistarla."
ToTTó: "No seas tonta mujer. ¿Cómo que se esta bañando a esta hora? Llámala ahora mismo. Es urgente."
La Sirvienta: "Qui ti quiris. Qui mi riña. Disnudita in el bañu, criis que ti va iscuchar. Si ista quiturandu sus kacaris. Tinis qui llamar dispuis. No ti mi hascis il sunso. Ti conusco. Crio qui ti estas inamurado di ella. Ji. Ji. Ji. Puis, illa no ti hará de su casu."
========
No pude hablar con Lucero, porque la sirvienta, colgó el teléfono. Ni que hacer. No creí que Lucero se estaba bañando a esa hora. Pero uno no sabe. No me quedaba otra cosa, que ir a su casa, antes que sea más tarde.

Cuando llegué, el mozo me hizo pasar al comedor. Mi sorpresa, Lucero y tres de sus amigas, estaban tomando el te. Lucero salió a mi encuentro y hablando como la sirvienta, me dijo"
========
Lucero: "Ti haz tinido que vinir curriendo. Ji. Ji. Ji. Mi haz llamado tunta delanti de mis amigas."
========
Todas soltaron la gran carcajada. Entonces me di cuenta que fue Lucero quien contesto el teléfono, hablando como imilla.
========

Colección de Anécdotas Amoroso Sexuales Anécdotas: 46 -53

ToTTó: "¡Humm! Te veo linda, pero bien vestidita. Creo que llegué tarde. Ese es siempre mi destino. Si deseas y quieres puedo acompañare al baño."
Lucero: "Toma el te con nosotras. Quizás, algún día hablaremos de eso. Hemos oído muchos comentarios interesantes, tienes una enorme fama que te persigue. Creo que estamos curiosas."
Una de las amigas: "Yo estoy curiosa y ni siquiera se quien eres."
Lucero: "Es mi querido amigo Antonio. Le dicen ToTTó, su apodo. Un verdadero caballero. No lo duden."
========
Luego me presentó sus tres amigas: Elva, Anahí y Edith. Mayores que yo, de la edad de Lucero.
========
Lucero: "Son mis condiscípulas del colegio. Estamos celebrando este encuentro. No estamos viendo de muchos años."
Anahí: "Pero no somos tan viejas. Tu eres joven y sin experiencia."
Elva: "¿Como es que dices eso? Con la fama que tiene, él debe saber más que nosotras."
Edith: "Debe ser así. Quizás nos pueda enseñar algo interesante."
========
Me avergoncé un poco y no lo pude disimular. Las cuatro se rieron a carcajadas.
========
Lucero: "No te pongas así. Estamos bromeando. Tu siempre me tomas el pelo con tus bromas y juegos de palabras y me haces reír, Ahora es nuestro turno. Estábamos hablando de ti, cuando llamaste. No pude resistir la tentación de contestar el teléfono. Si te molestó, por favor, nos perdonas."
ToTTó: "Nada porque perdonar. Me alegro que se diviertan a mi costilla. Ya me tocará el turno. La paciencia es la virtud mejor recompensada en el amor. Ja. Ja. Ja. Un placer conocer a tus lindas amigas y saber que tu puedes ser, una hermosa sirvientita."
Edith: "Y tu puedes ser un: Buen Mozo. Ja. Ja. Ja." *(Lo que pasó con Edith, amiga de Lucero, es otra anécdota digna de otro capítulo.)*
========
La mayor parte del tiempo, en las fiestas, tocaba el lindo piano de cola, mientras los invitados bailaban. Algunas veces, de rato en rato, Lucero se sentaba a mi lado y cantaba.

131

Antonio de Pórcel Flores Jaimes Freyre

Los "Sábados de Lucero", como se llamaban, se volvió una costumbre. Sus tres amigas siempre estaban. Tocaba el piano y bailaban. Algunas veces Elva me daba un momento de descanso tocando piezas clásicas. Era un verdadero placer oírla.

Un viernes, Lucero me llamó, me pidió que vaya a comprar partituras de boleros, sambas y música cubana, para que Elva toque el piano mientras bailábamos. En ese entonces, no sabia que ella quería bailar conmigo. Pensé que lo hacía, para darme un descanso y cierta libertad, los sábados. Me dijo:

=========

Lucero: "ToTTó. Haz me un favor, si puedes."

ToTTó: "Claro que puedo. Pide lo que quieras. Ya sabes que estoy a tu disposición, conmigo puedes hacer todo lo que quieras."

Lucero: "Ja. Ja. Ja. Tu siempre tan gentil, ofreciéndote al portador. No me conoces, no soy la ingenua que caiga en tus redes."

ToTTó: "Nadie lo sabe. Caí en las tuyas. 'La paciencia . . .'"

Lucero: "Si tu famoso dicho de la paciencia y el amor. Sabes muy bien como sembrar, pero esta vez, no creo que puedas cosechar."

ToTTó: "Ya veremos, mi hermosa sirvientita."

Lucero: "Ya basta. No te puedes olvidar de mi broma. Mis amigas se siguen riendo."

ToTTó: "¿Cuál es el favor?"

Lucero: "Me han dicho que eres un gran bailarín. Quiero saber si es verdad. Compra partituras de música bailable. Hablé con Elva. Me dijo que ella puede tocar leyendo, sin problema."

ToTTó: "¿Música bailable?"

Lucero: "Si. Boleros como los que tu tocas, sambas brasileras, música cubana, que tanto me gusta."

ToTTó: "No se si las venden. Es más fácil que compre unos discos longplay. Tienes un lindo estéreo."

Lucero: "Tengo discos. No es lo mismo."

ToTTó: "Veremos que encuentro. Compro lo que haya y te lo llevo ahora mismo."

Lucero: "Gracias. Eres un ángel."

ToTTó: "Y tu, una diablita, aunque todavía no lo sabes."

Lucero: "Ya tienes bastantes en tu colección sin contar mis tres amigas. Edith no te quita sus ojos de encima. No seas tan ambicioso."

=========

Colección de Anécdotas Amoroso Sexuales Anécdotas: 46 -53

Compré tres libritos de música popular, que el dueño de la tienda de música, me aconsejó. Cuando llegué a la casa, las cuatro me estaban esperando en la sala. Entregué los libritos a Lucero. Lucero se los entrego a Elva. El piano estaba listo. Lo despistado que soy.
========
Lucero: "¿Te sirven estos libros?"
========
Elva los revisó uno por uno.
========
Elva: "Si. Son buenos. Tiene toda clase de música popular. Son muy simples."
Edith: "No hablen tanto. Toca una samba, quiero bailar con Antonio."
Elva: "¡Qué chistosa! Si yo quiero bailar con él: ¿Quién va a tocar?"
Anahí: "No seas sonsa Elva. Es él quien te va a tocar. Ja. Ja. Ja."
(Lo que paso con Elva, es otra anécdota, digna de otro capítulo.)
========
Las tres se rieron a carcajadas. Elva estaba roja de vergüenza.
========
Lucero: "Elva, por favor. Toca el piano. Si tanto quieres bailar con él. Yo canto. Ja. Ja. Ja."
Elva: "Me están haciendo sonrojar de vergüenza. ¿Que estará pensando él?"
Edith: "Pregúntale. Está parado a tu lado. Ja. Ja. Ja."
ToTTó: "Ustedes hablan como si yo no estuviera aquí. Me ignoran completamente."
Edith: "No seas vanidoso. Nadie te puede ignorar con esa pose que te gastas. ¿Quieres bailar con Elva?"
Lucero: "Ya basta de conversar y decir soneras. Elva, por favor toca cualquier canción."
Edith: "Si. Si. Si. Toca lo que quieras, yo bailo con él. Comprobaremos si es cierto que es un gran bailarín. Ja. Ja. Ja."
Lucero: "Toca algo con ritmo cubano. No toques un bolero. No creo que Edith se pueda controlar. Ja. Ja. Ja."
========
Esa fue la primera tarde de los viernes. Les enseñe a bailar, como bailaban las cubanas, cuando yo tenia 15 años y tocaba el piano en el club Maracaibo. *(Esta es otra anécdota digna de otro capítulo).*

Antonio de Pórcel Flores Jaimes Freyre

Pasó el tiempo. A Mike le gustaba viajar y conocer los pueblitos cerca a La Paz. Decidieron pasar la Semana Santa en los yungas., Casi siempre me ha pasado algo curioso, durante la semana Santa. Esta no fue una excepción.

Me invitaron a viajar con ellos. Íbamos a pasar unos días, en la casa de un amigo de Lucero, el Chulumani. En ese entonces Chulumani, era un pueblo pequeño en el trópico, situado a varias horas de La Paz. El camino era muy estrecho y peligroso, bordeando las montañas, antes de bajar al trópico. En mis años de explorador (boyescaut), tuve varias oportunidades de ir por esos lugares, así que conocía la región.

Viajamos un domingo en una camioneta Jeep: Mike manejando, Lucero adelante, Edith, Anahí y yo atrás. Elva no pudo acompañarnos, prefirió quedarse a celebrar la semana más religiosamente.

La casa de la hacienda estaba cerca del río, de buen tamaño, era bastante cómoda. Tres dormitorios, sala grande, comedor. La cocina a leña, quedaba afuera, cerca de un horno de barro.

Mike gustaba acampar, en las orillas del río. Había comprado lo necesario para acampar: colchonetas para la playa, sillas plegables, etc. etc.. Pasamos cinco días de vacaciones estupendas.

El viernes, empezó a llover torrencialmente. El Domingo, que, ya no llovía, iniciamos el viaje de vuelta a la paz. El camino estaba bastante mal. Llegamos al río. Había un puente colgante que, se podía pasar caminando a la otra orilla. Los vehículos tenían que pasar por el río. En un lado de la orilla y en el otro, estaban parados varios camiones y otros vehículos. Era imposible cruzar el río y no se sabia cuando, bajarían sus aguas caudalosas. ¿Qué hacer? Mike tenía urgencia de volver a La Paz. Lucero me dijo:
========
Lucero: "ToTTó. Por favor acompáñame al otro lado. Veremos que se puede hacer. Tenemos que llegar a La Paz hoy día. Mike tiene que trabajar y Elva nos espera. Hablé con Mike y dice que está bien que vayamos."

ToTTó: "Me parece buena idea. Vamos."
=========
Pasamos el puente colgante. Yo sujetando a Lucero que tenía un poco de miedo. El puente se balanceaba con el viento. No era muy seguro. Llegamos a la otra orilla. Había varios camiones. Pregunté a Lucero:
=========
ToTTó: "¿Qué estamos buscando?"
Lucero: "A alguien que quiera y pueda llevarnos a la Paz."
ToTTó: "¿Qué hacemos con el Jeep, si lo encontramos?"
Lucero: "Eso no sé. Te dije que Mike tiene que trabajar mañana."
ToTTó: "Yo también, pero me puedo quedar. Manejo el Jeep de vuelta a la hacienda. Cuando pase la tormenta, vuelvo a La Paz."
Lucero: "Sería una buena solución. Gracias. Veremos que pasa."
=========
Caminado preguntando a los choferes, encontramos una camioneta parada entre dos camiones. Nos acercamos. La parte de atrás de la camioneta estaba vacía. Era natural ya que en esa temporada llovía bastante. En la cabina estaban un señor de bastante edad y dos señoras, también de bastante edad. Lucero habló con el señor, oí la conversación:
=========
Lucero: "Me llamo Lucero. Perdone señor. Ustedes están viajando a Chulumani?
El Señor: "Soy Pablo, mi señora y mi suegra. Estábamos viajando. Pero, como usted puede ver, tendremos que volver a La Paz."
Lucero: "Sí parece que río tardará unos días en bajar. Nosotros teneos urgencia de estar en La Paz. Mi marido tiene que trabajar. Quizás podamos encontrar una solución que sirva para usted y para nosotros. ¿Qué opina?"
Pablo: "Es usted ocurrente. ¿Solución? Esperar o dar la vuelta."
Lucero: "Fíjese. Tenemos el Jeep en la otra orilla. Ustedes pasan el puente caminando, viajan en el Jeep a Chulumani. Notros viajamos en la camioneta a La Paz."
=========
Al oír la conversación, una de las señoras dijo:
=========

Antonio de Pórcel Flores Jaimes Freyre

La Señora: "Soy Silvia. Pablo es mi esposo. Es una buena solución. Pablo tu vas a Chulumani en su jeep, tienes urgencia. Nosotros no podemos pasar ese puente caminando. La señora Lucero - así creo que se llama - y ellos nos llevan a La Paz. Cuando termines lo que tienes que hacer en Chulumani, vuelves en el Jeep."
Lucero: "Buena idea Silvia. Mike, mi esposo maneja la camioneta, Nosotros viajamos atrás. No hay problema. Pablo vuelve con el Jeep a La Paz, cuando el pueda."
========
Era una buena solución. Lucero se quedó con Silvia y su mama. Pablo y yo pasamos el puente caminando. Edith y Anahí no quisieron viajar a La Paz, en esas circunstancias. Como no tenían compromisos en La Paz, se quedaron. Ellas vendrían con Pablo.

Sacamos del Jeep dos impermeables, dos colchonetas, dos frazadas, dos almohadas y el hule impermeable que Mike compró, para acampar a la orilla del rio. Mike entregó a Pablo las llaves de Jeep. Como teníamos tantas cosas no era fácil de pasar el puente. Pablo nos ayudó a llevarlas.

El Viaje a La Paz

Felizmente, dejó de llover. El viaje a La Paz desde el trópico de los Yungas es interesante. Parte del viaje, hasta llegara a la cumbre, la temperatura es caliente. Empezando la subida a la cumbre, se va poniendo muy fría.

Les cuento esto porque, al principio, viajando en la parte de atrás de la camioneta, Lucero y yo, nos echamos sobre el hule y las frazadas. Cómodamente estirados, con las cabezas, en las almohadas. Pero al llegar a la cumbre, tuvimos que taparnos con todo lo que encontramos para abrigarnos.

Lucero vestía, una blusa de seda rosada y un vestido sencillo y un sobrero de ala ancha, sin medias, con bonitas sandalias. Yo, pantalón largo y una camisa y un sombrero de paja, zapatos y medias negras. Era suficiente para la primera parte del camino.

Durante el viaje conversamos:
========
Lucero: "¿Por que crees que Edith y Anahí se quedaron"?
ToTTó: "Dijeron que no querían pasar el puente, les daba miedo."
Lucero: "Esa fue una disculpa."
ToTTó: "¿Por qué dices eso?"
Lucero: "Porque, desde hace tiempo, ellas quieren saber lo que hacemos tu y yo cuando estamos solos. ¿Me entiendes?"
ToTTó: "No sé si te entiendo."
Lucero: "No te cae bien hacerte el sonso. Debes saber que las dos están enamoradas de ti. Eres un despistado. Te dan tantas señales, especialmente Edith y Anahí, Elva es un poco mas recatada."
ToTTó: "Perdóname. Pero que no es bueno que hablemos de ellas a sus espaldas. No están presentes."
Lucero: "Eso ya lo sé. No estoy hablando a sus espaldas. ¿Cómo se te ocurre decirme esa barbaridad? Son mis amigas. Ellas me pidieron que te diga eso, a ver si reaccionas."
========
Me qué estupefacto. Totalmente avergonzado.
========
ToTTó: "Perdóname por favor. No quise ofenderte. Nunca lo haré. Creo que ya te lo dije. Te quiero mucho y estoy enamorado de ti hace mucho tiempo, desde que te conocí, la primera vez que e vi."
========
Lucero acariciándome la cabeza, tiernamente.
========
Lucero: "No te pongas así. Me lastimas. Somos unos tontos. No sé que estamos esperando. Yo también estoy enamorada de ti. Mike lo sabe. Me dijo antes del viaje: 'Tienes que aprovechar que viajan solos. Tus amigas nunca los dejan solos'. ¿Te sorprende?"
ToTTó: " No me sorprende y me sorprende al mismo tiempo."
Lucero: "¿Cómo es eso?"
ToTTó: "No me sorprende que Mike quiera que seas feliz, te quiere y te engríe mucho. Me di cuenta que él hará todo lo que pueda para darte gusto, es hombre muy especial."
Lucero: "Eso ya lo sé. Yo también lo quiero mucho y somos muy felices. Mike también puede hacer lo quiera. No soy celosa. ¿Pero, porque dijiste que te sorprende al mismo tiempo?

Antonio de Pórcel Flores Jaimes Freyre

ToTTó: "Me sorprende saber que estás enamorada de mi. Lo tenías bien oculto."

Lucero: "Qué quieres que haga. Edith y Anahí hablan todo el tiempo de ti. Hacen sus planes y tu no te das cuenta. No sólo eso, sé que Elva también está enamorada de ti. Ella me lo ha dicho. No sé que podemos hacer. No quiero lastimarlas. Somos amigas desde que éramos niñas. Quiero hacer el amor contigo ahora mismo que estamos solos. Mike me ha aconsejado que hable contigo."

ToTTó: "Yo también quiero. Pero no así, de ocultas. No me basta tener sexo contigo. Quiero hacer el amor contigo libremente, que tengamos nuestra Luna de Miel."

Lucero: "Eso me gusta. Me haces sentir feliz. No te entiendo. Dices que no te basta tener sexo conmigo, eso es hacer el amor."

ToTTó: "No es lo mismo, hacer el amor que tener sexo."

Lucero: "¿Por qué dices que no es lo mismo? Todo el mundo lo sabe. Hacer el amor es tener sexo."

ToTTó: "No. Una cosa es tener simplemente sexo sin amor. Otra cosa, muy distinta es hacer el amor, ya sea teniendo sexo o no."

Lucero: "Definitivamente, no te entiendo."

ToTTó: "En este momento, tu yo estamos haciendo el amor, no te estás dando cuenta. Me haz dicho que te sientes feliz. Yo también estoy feliz. No estamos haciendo sexo."

Lucero: "Entonces hacer el amor es dar felicidad a la otra persona."

ToTTó: "Si, así es. Cuando haces el amor, hace felicidad a tu pareja. Si sólo tienen sexo, puede que este feliz y puede que no."

Lucero: "Tienes razón. Hace mucho tiempo que ya no soy virgen. Antes de conocer a Mike, he tenido sexo y no me he sentido feliz. Todo lo contrario. Me he sentido usada."

ToTTó: "Eso pasa casi siempre."

Lucero: "¿Sabes por qué pasa eso?"

ToTTó: "Porque hay una gran diferencia, entre el orgasmo de una mujer y el orgasmo de un hombre."

Lucero: "Lo sé. El hombre tiene que eyacular, la mujer no."

ToTTó: "Eso es sólo parte de la diferencia."

Lucero: "Explícamelo, por favor. Nunca he oído eso."

ToTTó: "Generalmente la mujer tarda mucho tiempo, en tener su orgasmo. El hombre no tarda, está excitado, no puede controlarse, eyacula y queda totalmente satisfecho."

Lucero: "Eso me ha pasado siempre. El hombre termina y yo he quedado insatisfecha."

ToTTó: "El hombre, tiene su orgasmo y se olvida de la mujer, no le interesa. Se siente satisfecho, cansado. Eso pasa porque no le han enseñado como debe hacer el amor."

Lucero: "¿Tu sabes como? ¿Quien te lo ha enseñado?"

ToTTó: "Indirectamente mi mamá."

Lucero: "¡Tu mama! Por qué dices eso. No tiene sentido."

ToTTó: "Digo indirectamente, porque, desde que yo era chico, mi mamá me ha enseñado a respetar a la mujer. Me decía varias veces que tengo que respetar a la mujer, sin importarme: quien es; qué hace; cómo es. Me inculcó que debo respetar a toda mujer, como respeto a mi madre, porque he nacido del dolor de una mujer."

Lucero: "¡Qué maravilla! Tu madre es una mujer admirable. Tienes suerte que sea tu madre. Pero: ¿Qué tiene que hacer que tu respetes a la mujer con el orgasmo femenino?"

ToTTó: "Si la respeto, no puedo darme el lujo de tener mi orgasmo antes que la mujer tenga el suyo."

Lucero: "O sea que, cuando tienes sexo, esperas que la mujer tenga su orgasmo antes que tu. ¿Cómo te controlas?"

ToTTó: "No tengo que controlarme. La mujer tiene su orgasmo con la estimulación del clítoris. Eso pasa cuando se masturba. El pene no estimula el clítoris a no ser que la mujer tenga un clítoris muy grande."

Lucero: "Eso si sé. Entonces, no hay solución. Es muy difícil para la mujer tener su orgasmo haciendo sexo."

ToTTó: "Tiene solución, si el hombre sabe como hacerlo."

Lucero: "Ahora si que estoy curiosa. ¿Cómo lo haces tu?"

ToTTó: "No es necesario que conteste a tu pregunta. Lo vas a sentir cuando hagamos el amor."

Lucero: "Lo hacemos ahora mismo y listo."

ToTTó: "Ya te dije que todavía no es el tiempo. No quiero sólo tener sexo contigo, quiero que hagamos el amor, en nuestra Luna de Miel."

Lucero: "Me has dicho cosas muy bonitas, me haz hecho antojar y ahora no quieres hacer el amor conmigo. ¿Qué te pasa? ¿Todo lo que me haz dicho son palabras bonitas nada más?"

Antonio de Pórcel Flores Jaimes Freyre

ToTTó: "Te repito. Si quiero hacer el amor contigo. ¿Sabes cual es la diferencia entre tener un 'orgasmo amoroso-sexual y un orgasmo puramente sexual?"
Lucero: "No sé que es un 'Orgasmo Amoroso-Sexual'. Explícamelo para que te entienda."
ToTTó: "Cuando tienes y sientes un 'Orgasmo Amoroso-Sexual' te sientes transportada, inmersa en el mundo del amor. Te pierdes en el amor, en los besos, en las caricias. Sientes que te entregas totalmente al amor de tu pareja y que él se te entrega a ti totalmente. Es maravilloso.
Lucero: "Nunca he oído eso."
ToTTó: "Para tener, sentir y vivir, un "Orgasmo Amoroso-sexual", ambos tienen que estar enamorados. El "Orgasmo Amoroso" debe sentirse primero que el "Orgasmo Sexual, que se produce como resultado del "Orgasmo Amoroso". Es entonces que se produce el "Orgasmo-Amoroso-Sexual". La unión sexual se va creando en forma natural, como resultado del "Amor" que en ese momento, viven los amantes. El amor es primero y el sexo viene después, nace del amor. No es el resultado de la excitación sexual sin amor."
Lucero: "Interesante tu teoría." ¿Cómo sabes tu todo eso?"
ToTTó: "Ahora no importa como lo sé. Déjame que te siga explicando. ¿Quieres?"
Lucero: "Soy todo oídos, sigue."
ToTTó: "La mujer cuando está enamorada y hace el amor, tarda bastante. A medida que se va dando entera, se va excitando sexualmente."
Lucero: "Ahora si que me pediste."
ToTTó: "Para sentir un 'Orgasmo Amoroso-Sexual', la mujer tiene primero que sentirse amada, querida, deseada. Crea en su mente un sueño de amor. Un castillo de amor. Necesita sentirse única, la reina a quien adora el hombre a quien ella ama. Cuando el hombre no sabe como mantener ese castillo. Cuando no sabe hacer, que la mujer siga soñando, ese castillo se derrumba, se vuelve un castillo de arena."
Lucero: "Ahora te comprendo. A mi ha pasado eso. Estaba ilusionada, amando feliz, cuando de repente todo se deshizo, se cayó. El hombre ya estaba satisfecho y no le importaba lo que yo sentía."
ToTTó: "Creo que es por eso que tu, nunca has tenido un orgasmo de amor."

Colección de Anécdotas Amoroso Sexuales Anécdotas: 46 -53

Lucero: "¿Un orgasmo de amor? Ni siquiera he tenido un simple orgasmo sexual, haciendo sexo. ¿Crees que podemos tener un orgasmo de amor, con sexo y todo?"
ToTTó: "Si. Creo que lo podemos lograr, porque nos amamos. Sólo cuando dos personas se aman de verdad, pueden logar tener un orgasmo sexual de amor."
Lucero: "Sabes y te dije que te amo, me haz dicho lo mismo, que me amas. Creo que si, podemos lograrlo. Quiero sentirlo."
ToTTó: "Estoy seguro que lo lograremos. Tenemos que esperar a que se produzca naturalmente.
Lucero: "¡Naturalmente! Por qué crees que el destino nos ha puesto juntos en está camioneta. Eso es para mi una señal que podemos hacer el amor ahora, no tenemos que esperar. Tenemos nuestra Luna de Miel acá, ahora, es mas romántico."
========
Sin esperar respuesta, nos besamos apasionadamente e hicimos el amor varias veces, hasta que llegamos a la cumbre. Lucero estaba feliz, cantando. Al llegar a La Paz, Lucero me dijo:
========
Lucero: "Quiero hacer el amor con Mike, como lo hemos hecho tu y yo. Lo quiero mucho y él me quiere. Somos felices, pero él no sabe hacer todo lo que tu haz hecho conmigo."
ToTTó: "Quieres decir: todo lo que hemos hecho juntos los dos."
Lucero: "Tienes razón. Lo que hemos hecho juntos. Eso mismo. ¿Crees que puedes enseñar a Mike como hacerlo?"
ToTTó: "Podemos probar. He enseñado algunos hombres como hacerlo. Pocos lo han aprendido. Tienes que preguntarle si el quiere aprender."
Lucero: "No tengo que preguntarle. De eso hemos hablado varias veces. Fuimos a consejeros familiares, que saben nada de lo que tu me haz dicho y de lo que hemos hecho. Mike va estar feliz se puedes enseñarnos. Porque yo también, tengo que aprender.
ToTTó: "Si él quiere aprender, yo les enseño."
Lucero: "Además, si no te molesta, contaré a mis tres amigas lo que me dijiste y lo que hicimos y como lo hicimos. Ellas tienen derecho a saber, sentir y vivir un orgasmo amoroso -sexual."

141

Antonio de Pórcel Flores Jaimes Freyre

ToTTó: "Ya sabes que puedes hacer lo que tu quieras. Cuéntales si crees necesario. Pero no sé si ellas pueden tener un orgasmo amoroso-sexual conmigo. Ambos tienen que estar enamorados para poderlo tener. Como te dije, el amor es primero, el sexo viene después."

Lucero: "Sé que están muy enamoradas de ti. No se si tu estás enamorado de alguna de ellas. Pero, si te lo piden, por favor, no las rechaces. Se van a lastimar si lo haces. Tu sabes como hacerlo. No tienes que explicarles. Yo les diré todo lo que me haz enseñado."

ToTTó: "Está bien. Eso hare si me lo piden, no las lastimaré porque son mujeres maravillosas, dignas de ser amadas." *(¿Que pasó con: Edith, Anahí y Elva? Esta es una anécdota que meres otro capítulo).*
=========
Así lo hice. Mike aprendió rápidamente. Lucero y yo seguimos siendo, felices amantes. Después de varios años, cuando Mike terminó su contrato y volvieron a Buenos Aires.

Muchos años después, en 2004, cuando estaba, visitando a mi prima Ruth en Buenos Aires, tuve la gran oportunidad de volverlos a ver. Estábamos más viejos. Fue en una fiesta. Lucero al verme, se emocionó mucho. Se acercó con los brazos abiertos, me abrazó y me besó apasionadamente, delante de toda la concurrencia.

Mi prima Ruth se quedó con la boca abierta. De vuelta en casa me dijo:
========
Ruth: "Eres terrible. Quién hubiera pensado, que esa señora, de gran sociedad y tan respetada por toda la colonia boliviana, te plante un beso tan apasionado, en la boca, estando su esposo al lado. Eres de película."
========
Después supe, que ese beso apasionado, había producido interesantes comentarios, que llegaron, a Bolivia y a los oídos de mi hermana.

Fin de la Anécdota

> > > > > * * * * * < < < < <

*Muchos años
después, en una fiesta.*

Lucero al verme, se emocionó mucho.

*Se acercó con los brazos abiertos,
me abrazó y me besó
apasionadamente,*

delante de toda la concurrencia.

*Mi prima Ruth
se quedó con la boca abierta.*

Ruth: "Eres terrible.

Antonio de Pórcel Flores Jaimes Freyre

Debes saber que

las mujeres nos ilusionamos
y vivimos nuestras ilusiones
como si fueran realidades.

Las dos están completamente
enamoradas de ti,
por eso tengo dudas.

Una mujer enamorada
ve el mundo con ojos de amor."

Anécdota 52 (V05-C45) Carmela e Ingrid
(1978 - 1979 -1984)
Los Ángeles, California
La Modelo y las Olimpiadas

Les conté de Carmela, profesora bilingüe en una escuela de San Bernandino, California, cuando fui con Rosi, me amiga alemana, a Riverside. California. {*Volumen 5: Capítulo 40: Páginas 65-77*}

En 1980 llevé a Rosi a Riverside a mi departamento, en un edificio donde vivían nudistas. Carmela vivía en un departamento al lado del mío. 1981, Rosi volvió a Alemania. Dejé la universidad, terminó mi trabajo en las escuelas de San Diego y empecé mi entrenamiento en la escuela de Masajes. {*Volumen 1, páginas 85-96*}. En 1983 pasaba varios días en Los Ángeles, como voluntario, preparando el servicio de masaje deportivo, para los Juegos Olímpicos del 1984.

Ese año yo era asistente de masajista deportivo en un Colegio (universidad) de San Diego. Tenía buenas clientes para dar masajes en San Diego. Pero, como pasaba bastante tiempo como voluntario de las olimpiadas, empecé a buscar clientes para hacer masajes en Los Ángeles.

En 1982, Carmela recibió una invitación, para trabajar como Directora de los Programas Bilingües en Los Ángeles. Vivía al Norte de Hollywood, en un barrio muy popular. El departamento tenía un dormitorio bastante grande, con baño privado, dos dormitorios más pequeños, sala, comedor, cocina, otro baño, una terraza, bastante privada, con vista panorámica de la ciudad. Dos espacios de estacionamiento, de manera que, cuando yo visitaba a Carmela, podía estacionar mi furgoneta, sin problema.

En uno de los dormitorios pequeños, Carmela tenia su oficina. Alquiló el otro dormitorio pequeño, a Ingrid, una joven de 21 años, muy linda, que estudiaba estética y belleza, en una escuela de modelaje. Ingrid era alta, rubia, de ojos verdes vivarachos. En su dormitorio puso un espejo de cuerpo entero, un sillón - cama, un velador y una bicicleta fija para hacer gimnasia.

Antonio de Pórcel Flores Jaimes Freyre

Ingrid tenía un cuerpo escultural, que lo cuidaba: haciendo gimnasia sueca dos horas al día, una hora en su bicicleta. Seguía una dieta estricta. De buen carácter y un poco ingenua, solía tomar el sol en la terraza usando toda clase de aceites y pomadas.

Cuando tenia un problema en las escuelas, Carmela solía llamarme, para que la ayude. Me quedaba con ella unos días.

Un día, que yo estaba ayudando a Carmela en su departamento, sonó su teléfono. Carmela tenia la costumbre de hablar mucho tiempo por teléfono. Esperando que termine su conversación, fui a la terraza a gozar de la vista que era estupenda.

Mi sorpresa fue enorme y placentera, cuando vi a una linda joven, totalmente desnuda, tomando el sol. No fue su desnudez la que me impresionó, sino su belleza. La contemplé por un corto momento y, sin hacer ruido, volví a la oficina.

Carmela estaba por terminar su larga conversación. Colgó el teléfono y me dijo:
=========
Carmela: "Vas a disculpar. Era la secretaría de la escuela."
ToTTó: "Nada tengo que disculpar."
Carmela: "¿Donde fuiste?
ToTTó: "A la terraza."
Carmela: "¡A la terraza! Que oportuno que eres. Viste a Ingrid. Ella toma el sol a esta hora todos los días."
ToTTó: "Si la vi. No esperaba ver ese paisaje."
Carmela: "Que paisaje ni ocho cuartos. Estás acostumbrado a ver cuerpos desnudos. No te ha debido sorprender."
ToTTó: "Me sorprendió su belleza no su desnudes."
Carmela: "¡Va! Es hermosa, es cierto. Hace menos de un mes que vive acá. No sé porque no te avisé."
ToTTó: "¿Vive contigo?"
Carmela: "Si. En el otro dormitorio. Leyó el aviso que puse en la tienda. Me llamó y vino. Tuvo un problema con su pareja, no tenía donde ir y que no tenía dinero. El sinvergüenza se quedó con todo, y la votó. Me dio pena."

ToTTó: "Tu buen corazón es tu guía."
Carmela: "Ya sabes como soy. Eso me lo enseñaste tu. Ayuda al que necesita, si quieres que te ayuden. Eso me haz dicho muchas veces. Ahora tu me estás ayudando."
ToTTó: "Me alegra que tengas compañía. Estabas muy sola."
Carmela: "Si, me sentía sola, poco deprimida. El dormitorio estaba vacío, fuimos a comprar a la tienda de segunda que me llevaste, los muebles que ella necesita. Me divertí mucho con ella. Es muy dulce y respetuosa. ¿Sabes que escogió?"
ToTTó: "No tengo idea. Cosas de dormitorio, supongo."
Carmela: "Cosas de dormitorio y un lindo espejo de cuerpo entero y una bicicleta fija para hacer ejercicio."
ToTTó: "No me llama la atención, dijiste que es modelo."
Carmela: "No es modelo todavía. Estaba estudiando modelaje, pero tuvo que dejarlo. Fuimos a la escuela y arreglé el asunto. Ahora, puede seguir estudiando. Es un poco cara, pero, por suerte me han aumentado mi sueldo. Me gusta verla feliz. Es la hija que yo no puedo tener."
ToTTó: "Me alegra que sea así. Te lo mereces."
Carmela: "Ingrid va a llegar a conocerte, va saber como eres. Sé que ella, te pedirá que la ames, como tu me amas. Si eso pasa, no la lastimes, haz todo lo que ella quiera. ¿Me lo prometes?"
ToTTó: "No creo que eso pase. Pero te lo prometo. Sabes que para mi, nuestra felicidad es lo más importante."
========
Cuando Carmela me presentó a Ingrid, le dijo:
========
Carmela: "ToTTó es mi amigo del alma. Te hablé de él."
Ingrid: "Me dijiste que lo quieres mucho, que es él tu pareja. Lo vi parado en la puerta de la terraza. Apenas me miró sonriendo. Aunque soy bastante recatada, no me dio vergüenza que me mire desnuda. Me dijiste que ustedes vivían hace tiempo en un departamento de nudistas."
Carmela: "Si, él me preguntó: ¿Quien eres? Le dije que eres como mi hija y se alegro de saberlo."
Ingrid: "¿Puedo llamarte ToTTó?"
ToTTó: "Puedes llamarme como quieras."
Ingrid: "Tu puedes llamarme: Inge. Así me llamaba mi papá."

Antonio de Pórcel Flores Jaimes Freyre

ToTTó: "Entonces te llamaré Inge, si te gusta."
Carmela: "ToTTó te llamará como quieres, respeta a la mujer, su libertad de hacer, decir lo que ella quiera y no hacer lo que ella no quiere hacer, siempre cumple lo que promete."
Ingrid: "Lo llamaré ToTTó, como lo llamas tu, Mamá Carmelita."
ToTTó: "Ustedes son mujeres maravillosas."
Ingrid: "Ja. Ja. Ja. ¡Qué chistoso! No me conoces y me llamas maravillosa. Creo que estás equivocado, pero, eso me gusta."
Carmela: "Me gusta que me digas: 'maravillosa', aunque no lo sea."
ToTTó: "No importa lo que ustedes piensen, para mi, ustedes son dos mujeres maravillosas, eso me basta."
========

Mi relación con Carmela era cada ves mas feliz, nos veíamos más seguido. Inge terminó sus estudios y se graduó como modelo, con notas sobresalientes. La convencí para que siguiera sus estudios, en el departamento de cinematografía de la universidad. Fue fácil para ella conseguir que la aceptaran, no tanto por mi recomendación, sino mas bien por sus calificaciones.

Durante esos días, Carmela, Inge y yo solíamos cenar juntos. Unas veces yo cocinaba y otras íbamos al restaurante, favorito de Carmela. En las noches, cuando era necesario, ayudaba a Carmela con su trabajo y a Inge con sus estudios.

Inge sabía que yo era masajista y voluntario para los Juegos Olímpicos. Estaba curiosa y me preguntó:

========
Inge: "¿Me aceptarán de voluntaria para los Juegos Olímpicos?"
ToTTó: "Si quieres ser voluntaria, te ayudo a llenar tu solicitud. Pero si te aceptan, te van a entrenar, para hagas lo que ellos necesitan. Hay muchas clases de voluntarios. No puedes escoger."
Inge: "Eso no me gusta. Quiero esta contigo en los masajes."
ToTTó: "Tienes que hacer masaje deportivo.."
Inge: "Mamita Carmela me a dicho que tu estás organizando el servicio de masaje. ¿Crees que puedes ayudarme?"

ToTTó: "Cómo crees que puedo ayudarte, si tu no sabes algo de masaje deportivo si no tienes credencial?"
Inge: "Estás enseñando masaje deportivo a los masajistas que no saben. Por qué no me enseñas. Puedo aprender rápidamente si practico contigo. Ellos no tienen la credencial de masajistas deportivos y los han admitido como voluntarios."
Carmela: "Ingrid tiene razón. No veo porque, si le enseñas, ella no puede ser voluntaria. Tu me haz dicho que algunos de los masajistas no son buenos. Si tu le enseñas, ella será mejor que tu. Te lo prevengo. Además, me haz prometido que vas hacer lo que ella quiera, siempre que sea bueno para ella."
ToTTó: "Bueno, si lo que ella quiere, le enseñaré. Si aprende y me demuestra que sabe, la recomendare al comité."
Inge: "Ya sabía que me ibas a enseñar. Ya verás que voy a ser igual que tu. ¿Que te parece si empezamos las clases ahora mismo?"
========

Fui a mi furgoneta a traer la mesa de masajes y empezamos las clases esa noche. Como tenía que quedarme en Los Ángeles y necesitaba ganar dinero, empecé a buscar clientes. Inge me ayudó a poner avisos, en varias tiendas del vecindario, ofreciendo mis servicios, con una nota que decía: 'Masajista Voluntario de las Olimpiadas, a su servicio'. No me fue difícil encontrar clientes.
Inge tenía bastante tiempo libre. Quería ver como daba masajes terapéuticos y practicar. Después de colocar esos avisos, me dijo:

========
Inge: "Ya pusimos los avisos. Vamos a tener clientes. Ya vas a ver. Quiero ir contigo como tu asistente. Así veo como lo das los masajes y práctico en casa. No me lo puedes negar. Prometiste a Mamita Carmela, que harás todo lo que yo te pida."
ToTTó: "Eso le prometí, pero siempre que tu me pidas algo que sea bueno para ti."
Inge: "Lo que te pido es bueno para los dos. ¿No te parece?"
ToTTó: "Así es. Tienes razón, serás mi asistente."
========

Antonio de Pórcel Flores Jaimes Freyre

En poco tiempo Inge aprendió todo lo que le enseñé. Practicaba con sus amigas de la universidad en la casa y, algunas veces, con mis clientes.

Pronto adquirió fama de excelente masajista y fue aceptada como voluntaria a los Juegos Olímpicos.

Después de terminar sus estudios, con honores, en la Universidad Inge, consiguió su licencia profesional y, con la ayuda de Carmela, abrió su academia de belleza.

(Lo que pasó con Inge es una anécdota digna de otro capítulo.)

Fin de la anécdota

> > > > > > * * * * * * < < < < < <

"*Inge:*

Ya pusimos los avisos.
Vamos a tener clientes. Ya vas a ver.

Quiero ir contigo como tu asistente.
Así veo como lo das los masajes
y práctico en casa.

No me lo puedes negar.

Prometiste a Mamita Carmela,
que harás todo lo que yo te pida."

Antonio de Pórcel Flores Jaimes Freyre

"El miedo

no permite hacer lo que una quiere.

Debes vencer tu miedo

si quieres ser realmente

feliz."

Anécdota 53 (V05-C46)
Sandy - Mandy -Consuelo
(1996 - 1998)
California, Pensacola Florida
Sandy y la Marina

Les conté que, días antes de volver a California, en Enero de 1996, en Cochabamba, Bolivia, me casé, con mi Sandy, mi tercera esposa. {*Volumen 4, Capítulo 37, Páginas 121-186*}.

Fuimos al Consulado Americano, en Las Paz, no pude conseguir la visa de turismo para Sandy y su hijo, ellos se quedaron en Bolivia haciendo los trámites de emigración, para viajar a California.
Ante de mi viaje, el señor Cónsul Americano, averiguó quien era yo y descubrió que, el congreso Americano, mi dio una beca especial (Fulbright Senior Fellowship) para enseñar en España en 1974. Entonces él me prometió, que las visas estarían listas, en tres meses.

El Cónsul, cumplió su promesa. Sandy y Alejandro llegaron a Los Ángeles, puerto de entrada para emigrantes a California, en Marzo del 1996. Escribí una carta al senador de California, recomendando al Cónsul por su excelente servicio. Lo ascendieron de Cónsul a Paris. Me escribió una carta agradeciéndome.

La Casa de Belmont en California

En 1995 vivía con Sandy y Alejandro en Cochabamba mientras terminaba el divorcio de Sandy. En enero de 1996, termino su divorcio y nos casamos.

En Febrero 1996, tuve que volver a California, con urgencia, porque mi hermana Teresa vendió la casa en Belmont. El préstamo estaba a mi nombre, debía firmar los documentos de venta y trasferencia. Si no lo hacía, ellos perdían el dinero que depositaron como garantía. Tenía un plazo de tres meses para entregar la casa vacía y totalmente limpia.

Antonio de Pórcel Flores Jaimes Freyre

No sabía que mi hermana Teresa compró otra casa y la tenía alquilada. Fueron a vivir ahí, dejando la casa de Belmont casi vacía. Me alojé en la casa de Belmont, que estaba casi vacía. No era problema. Dormía en mi furgoneta estacionada frente al garaje. A mediados de enero, cortaron la electricidad y el gas, de manera que vivía con velas. El garaje y el piso de abajo de la casa estaban llenos de muebles y cosas viejas que Teresa no quiso llevar a su casa. Contraté un basurero grande y durante varias semanas me dediqué a limpiar la casa para poderla entregar a los nuevos dueños.

A principios de marzo, llegaron Sandy y Alejandrito, se alojaron conmigo en Belmont en el único dormitorio que estaba habitable. nos arreglamos como pudimos.

Faltaban poco días para entregar la casa. Teníamos poco dinero y no sabíamos donde ir. Ya pueden imaginarse, como le cayó esa bienvenida a Sandy, que llegaba a la gran California.

Por suerte, mi querida amiga Donna, (que fue mi cuarta esposa) nos ayudó. Una de sus amigas debía estar tres meses en Nueva York y estaba buscando a alguien de confianza para cuidar su casa. Donna nos recomendó. Vivimos ahí, durante esos tres meses, cuidando esa casa. Una casa linda, en la montaña, con todas las comodidades, de las que yo había alardeado, cuando vivíamos en Cochabamba.

Nuestra situación económica no era fácil. Después de vivir mas de un año en Bolivia, ya no tenía contactos con las escuelas, ni conocía a las personas que las manejaban. Era imposible que vuelva a trabajar de masajista. La situación había cambiado radicalmente. Sandy no hablaba ni entendía inglés. Teníamos tres meses de plazo para encontrar trabajo. Nos dedicamos a buscar trabajo de cualquier cosa, pero lográbamos nada. Sandy era una buena vendedora, pero no teníamos algo que vender.

Un día, Donna, me avisó que el Banco de América estaba contratando vendedores, para vende cuentas corrientes en varios supermercados. Era una oportunidad. El problema de Sandy era el idioma. Podía trabajar un supermercado, en un barrio de latino.

Colección de Anécdotas Amoroso Sexuales Anécdotas: 46 -53

Fuimos a las entrevistas. No tuve problema en conseguir ese trabajo. Pero Sandy no pasó la entrevista por el idioma. No la contrataron. Empecé a trabajar vendiendo cuentas en un supermercado que estaba en barrio semilatino. Ken, mi supervisor venia cada lunes. Hablé con él acerca de Sandy:
========
ToTTó: "Las ventas de esta semana han sido más o menos. Muchos clientes latinos, no entienden por qué estamos vendiendo cuentas bancarias, en un supermercado. Prefieren ir directamente al banco, desconfían. Necesitamos vendedores que hablen español, que puedan convencer a estos clientes, que es mejor comprar la cuentas aquí, que ir al banco."
Ken: "Esa es una buena idea. No sé porque los entrevistadores no han pensado en eso."
ToTTó: "Mi esposa es una excelente vendedora. No la aprobaron en la entrevista, porque ella no habla inglés. Le aseguro que ella, puede vender las cuentas fácilmente. Puede usted hacer la prueba."
Ken: "Vale la pena hacer la prueba. Las ventas en todos los supermercados están muy bajas. Si seguimos así, suspenderán el programa y nos quedamos sin trabajo. Superviso varios supermercados, tengo uno barrio latino, en San José. Dígale a su esposa que me busque mañana Martes."
ToTTó: "Gracias por su ofrecimiento. Sandy, mi esposa, no conoce todavía la ciudad. Hace pocos meses que llegó. Yo la llevaré. ¿Qué le parece?"
Ken: "¿Conoce usted San José? El supermercado en el centro, ceca de la universidad."
ToTTó: "Conozco ese supermercado. "
Ken: "Los espero a las 9."
ToTTó: "Muchas gracias. Le aseguro que usted se sorprenderá. Lo mejor que usted puede hacer, es ver como ella vende. Esta noche le enseño que son y como tiene que vender las cuentas del banco. Ya verá como lo hace."
Ken: "Muy buena su sugerencia. Si vende bien, la contrato de inmediato."
========
Ese lunes, Ken contrató a Sandy. El jueves, la oficina de personal del banco, citó a Sandy. Fui con ella a la cita.

155

Antonio de Pórcel Flores Jaimes Freyre

Ayudé con los documentos y la contrataron oficialmente. Sandy debía empezar a trabajar el siguiente lunes.

Alquilamos un Departamento

Teníamos que salir de la casa que cuidábamos, les tres meses se vencían pronto. Nos dedicamos a buscar apartamento. Tuvimos suerte. Alquilamos pequeño departamento de un dormitorio, en San José, cerca del supermercado donde trabajaba Sandy.

El Cuidado de Alejandro

El problema era quién cuidaría a Alejandro. Los dos estábamos trabajando. Donna nos recomendó a su amiga, que vivía en San José.

Donna nos dijo que la señora se llamaba Mandy y era de confianza, era su amiga. Cuidaba a dos niños en su casa. Nos dio su dirección, su número de teléfono y nos dijo que ella la llamaría para recomendarnos. Por suerte, la señora vivía a cerca del supermercado, donde Sandy debía empezar a trabajar.

Sandy no estaba muy tranquila con la idea de dejar a su hijo, pero no había otra alternativa. Fuimos a conocer a la señora. Resulta que ella y yo nos conocíamos, pero yo no me acordaba de ella. Mandy era una profesora, que trabajó conmigo, cuando yo estaba haciendo investigaciones en las escuelas de San José. En cuanto me vio, me abrazó, diciendo:
========
Mandy: "Don Antonio. Que gusto de verlo de mucho años. Donna y yo somos buenas amigas. No le reconocí la voz por el teléfono, es una felicidad volverlo a ver. "
ToTTó: "¿Cómo estás usted Mandy? Si, nos vemos de mucho tiempo. Estuve viviendo en Bolivia, mas de un año."
Mandy: "Viene muy bien acompañado. ¿Es su esposa?"
ToTTó: "Sandy es mi esposa y Alejandro es nuestro hijo."
Mandy: "Usted tiene buen gusto. No me sorprende.
ToTTó: "Gracias. Eso le diré, le va a gustar."

Colección de Anécdotas Amoroso Sexuales Anécdotas: 46 -53

Mandy: "No sabe lo feliz que estoy de poder cuidar a su hijito. Usted ya sabe, lo de las profesoras. Nos jubilamos y no nos alcanza el dinero. Como yo no me casé, tengo que vivir y arreglármelas sola. Su señora esta calladita."
ToTTó: "Todavía no entiende, ni habla inglés. Le explicaré nuestra conversación. Espéreme un momento."
========
Conté a Sandy nuestra conversación. Le dije que ella era una profesora retirada, que trabajó conmigo y la conocía. Una señorita de confianza.
========
Sandy le dijo en perfecto español que tuve que traducir.
========
Sandy: "Señorita Mandy. Si Antonio es amigo suyo, usted es también mi amiga. Gusto de conocerla. Sé que usted cuidará bien a mi hijo. Tengo confianza en usted. Que Dios la bendiga."
========
Mandy a penas pudo contener sus lagrimas. Se abrazaron como dos buenas amigas. Desde entonces Sandy y Mandy fueron buenas amigas. Mandy cuidaba de Alejandro, engriéndolo como él fuera su hijo. Estaba enseñándole a hablar en inglés. Alejandro aprendió el idioma bastante rápido.

Sandy: Vendedora de Cuentas Bancarias

Sandy empezó a vender cuentas bancarias en ese supermercado. Era tan buena, que la primera semana, ganó el premio de la mejor vendedora del programa. Vendió 20 cuentas más que la mejor vendedora, de un supermercado que estaba en un barrio privilegiado de San Francisco. Desde entonces ganaba ese premio cada semana, le pagaban un bono extra, cada semana.

Trabajábamos sábados y domingos, teníamos dos libres cada semana. Yo vendía poco, con mucho esfuerzo, a penas llenaba mi cupo semanal. Sandy venia a mi supermercado en sus días libres, cuando yo estaba trabajando. Me ayudaba a vender.
Vendía tantas cuentas, que yo sólo tenía que llenar los formularios, recibir los depósitos y dar los recibos correspondientes.

Antonio de Pórcel Flores Jaimes Freyre

Con su ayuda, llegué a ser el mejor vendedor de mi equipo. Ganábamos bastante bien en el banco, pudimos comprar un auto usado para Sandy.
Sandy trabajó en el Banco por un año. Yo trabaje por un año y varios meses.

La Marina Americana

Nuestra situación estaba bastante buena, pero, en el trabajo del banco, Sandy no tenia futuro. Ella quería aprender el idioma y estudiar, ir a la universidad, para seguir la carrera en Ciencias de Computación. En Bolivia, le había dicho, que ella tendría muchas oportunidades en California. Era necesario buscar la manera que le permita de lograr sus objetivos.

Tenía 60 años de edad. Sandy iba a cumplir 28, la edad límite para entrar en la Marina Americana. Hablamos de esa oportunidad, que era buena. Si la aceptaban, nuestra situación económica estaba resuelta por 4 años o más, si ella renovaba su contrato.

Sandy podía estudiar gratis, lo que quisiera en cualquier universidad gratis. La marina nos daba vivienda gratis. Almacén a precios especiales. Yo podía cuidar a Alejandro y ayudarlo en la escuela. Era algo que uno, sólo podía soñar. Sandy estaba muy entusiasmada. Hablé con el Sargento que reclutaban cadetes.
========
ToTTó: "Buenos días. Soy Antonio, ayer hablamos por teléfono. Usted me dijo que viniera hoy.
El Sargento: "Me llamo Peter. He revisado los documentos que usted me mandó la semana pasada. Su señora llena las nuestras condiciones. Podrá ser aceptada, pero no se si, si pasará la tarjeta de emigración. Hace poco tiempo que llegó. Puede que ese sea un problema. No decido yo. La decisión es del comité, que debe aprobar su solicitud."
ToTTó: "Por favor, explíqueme en detalle eso de la tarjeta de emigración. No entiendo que es lo que piden."
========

Me mostró la tarjeta de emigración.

========

El Sargento: "Fíjese acá, en el reverso de la tarjeta, en letra pequeña dice que esta tarjeta es provisional, tiene que esperar dos años para recibir la tarjeta final. Por pura casualidad se me ocurrió leer la letra pequeña."

========

Leí la tarjeta. El sargento tenía razón.

========

ToTTó: "Si. Tiene usted razón. Puede ser un problema."

El Sargento: "No creo que lean esa letra pequeña. No son tan cuidadosos. Si usted quiere, mando los documentos. Si los rechazan por esto no podemos hacer más. Si no los rechazan será aceptada. Su esposa tiene una semana para aceptarlo."

ToTTó: "Si usted cree que no leerán la letra pequeña, por favor mándelos. Pero, no quisiera que usted se meta en problemas."

El Sargento: "No tendré problema alguno. La responsabilidad es del comité, no es mía. Usted quede tranquilo."

ToTTó: "Muchas gracias por su ayuda. Sandy estará feliz si la aceptan."

El Sargento: 'Dígale que, si la aceptan, de inmediato la irán a buscar, para llevarla al campo de entrenamiento en Chicago, por tres meses. Usted y su hijo no pueden visitarla. Es necesario que ella lo piense bien. El entrenamiento es muy duro, especialmente para una mujer. Usted comprenderá. Los marineros tienen que pasar muchas pruebas. No hay contemplaciones."

ToTTó: "Le diré exactamente, lo que usted me acaba de decir. La decisión es enteramente de ella. Es su vida la que está en juego. Entiendo perfectamente la situación. Muchas gracias por sus consejos y su gran ayuda."

=========

Volví a la casa y hable con Sandy.

=========

ToTTó: "El Sargento nos está ayudando. Puede que haya un problema con tu tarjeta de emigración. Está mandando tus documentos de admisión, al comité. Si te aceptan, de inmediato vienen a recogerte y te llevarán a Chicago, al campo de entrenamiento por tres meses. Estarás sola ahí. No permites visitas. Me dijo que el entrenamiento es muy fuerte.

Antonio de Pórcel Flores Jaimes Freyre

ToTTó: "El Sargento dijo que lo pienses bien y con cuidado, antes de aceptar. Una vez adentro, es muy difícil salir."
Sandy: "No me asusto. Me conoces, sabes por las que he pasado toda mi vida. Acepto el desafío. Verás que todo sale bien. Sólo te pido que cuides bien a mi hijo, cuando yo este allá."
ToTTó: "Te lo prometo. No te preocupes por Alejandro. Lo llevo a la casa de Mandy, mientras trabajo y lo recojo cada día. Lo he cuidado todo el tiempo en Bolivia, él es como si el fuera mi hijo. Lo sabes bien."
Sandy: "Si, lo sé. Pero era en Bolivia, yo conocía bien ese ambiente. Esto es diferente. Me dijiste que quieres que vaya a la escuela. Eso me da un poco de miedo. Quizás es mejor que no vaya todavía. Así estaré más tranquila.
ToTTó: "Me parece muy bien. Es mejor esperar. No necesita ir a la escuela. Mandy le está enseñando inglés."
=========
A las dos semanas, llegó la aceptación de la marina y al día siguiente vino un oficial de la marina a recogerla. Sandy ya estaba lista esperando. Nos despedimos a la rápida. Me besó, besó a Alejandro, subió al Jeep y desapareció. Alejandro llorando, yo parado en la puerta.

Sandy llamaba cada domingo a para hablar con nosotros. Decía que estaba bien, muy cansada, dormía poco. El entrenamiento era muy pesado. Era era la única mujer es su platón. No entendía bien el inglés y debía quedarse un mes mas.
=========
Sandy: "ToTTó, no puedo hablar muy largo. Sólo me escuchas. Estoy muy cansada, casi ajotada, duermo pocas horas. Esto es muy fuerte. Soy la única mujer y me tratan como si fuera hombre. Me están enseñando a disparar, toda clase de armas. Corremos horas de horas todos los días. Estoy muy flaca. El médico ha recomendado que me quede un mes más. Tenía la esperanza de volver pronto. Te lamo la próxima semana. Déjame hablar con Alejandrito.
=========

Trabajando en el Supermercado

Me quedé trabajando en el supermercado. Llevando y recogiendo a Alejandro de la casa de Mandy. Como Sandy ya no venia a ayudarme, mis ventas rebajaron, con gran esfuerzo, llenaba mi cupo semana. Perdí mi puesto como mejor vendedor de mi equipo. No estaba mal, era cuestión de esperar unos meses.

Consuelo - Mi Ciudadanía Americana

Conocí a Consuelo a fines de 1973. Entonces ella la nueva secretaría del Decano dela Facultad de Educación en Stanford. Mercedes *{de quien les conté en el Volumen 5; Capítulo43; Páginas 119-130}* me dijo que el Decano quería verme con urgencia. Consuelo me recibió.

Era la primera vez que la veía. Una joven de mediana estatura, gordita, de senos grandes. Cabello Rubio no muy largo. Muy amable, de buen carácter y muy servicial. Le pregunté por el Decano Esta fue nuestra conversación como la recuerdo.
========
ToTTó: "Buenas tardes señorita. Soy Antonio. Me dijeron que el doctor quiere hablar conmigo."
La Secretaria: "Soy Consuelo. Siéntese por favor, ya lo anuncio."
ToTTó: "Un placer conocerla. Bonito nombre, halagador."
Consuelo: "Ja. Ja. Ja. ¡Halagador! ¡Humm! Mercedes me habló de usted y de su famita."
ToTTó: "No creo que es bueno fiarse de lo que dicen, sin comprobarlo primero."
Consuelo: "Usted tranquilo. Ya habrá tiempo para comprobarlo."
========
El Decano me dio una noticia que no me esperaba. Me dijo:
========
El Decano: "El profesor L.C. su consejero lo ha recomendado para que vaya a España, a enseñar a profesores españoles durante los seminarios de este verano. Viene bien recomendado. Usted estudio en Madrid varios años. Habla el idioma y conoce a los españoles."

Antonio de Pórcel Flores Jaimes Freyre

ToTTó: "Si estudie 4 años en Madrid. Conocí al Doctor L.C. en un seminario de sicología matemática en Holanda."
El Decano: "Eso me dijo. Como usted es ciudadano americano, sólo necesita su pasaporte. Todo lo demás está arreglado."
ToTTó: "No soy ciudadano todavía, soy emigrante."
========
El Decano muy sorprendido me dijo:
========
El Decano: "¿Cómo dice? ¿No es ciudadano? Ya mandé su nombre al Congreso Americano y lo aceptaron. Ese un problema serio. La beca de "Senior Fulbright" es un honor muy especial que sólo se obtiene siendo ciudadano. Requiere demostrar las mejores calificaciones, no sólo como investigador, sino también como profesor, y tener las mejores recomendaciones. ¿Cuanto tiempo está en el país?"
ToTTó: "Desde 1968."
El Decano: "Eso está bien. Usted ya debía tener su Nacionalidad Americana. Tenemos que hacer los trámites ahora mismo. Usted debe viajar en Enero."
ToTTó: "Gracias doctor por su ayuda. No me preocupe por mi ciudadanía cuando debí hacerlo. Soy un despistado. Siento mucho haber creado este problema."
El Decano: "Nada, nada. Usted no la ha creado. Ya lo arreglaré. Venga mañana a primera hora. Traiga todos sus documentos personales, todos los que tenga, aunque crea que no son importantes.
========
Al día siguiente fui la oficina del Decano. Consuelo me estaba esperando.
========
ToTTó: "Buenos días consuelo."
Consuelo: "Buenos días. Bien que haz venido temprano. Tenemos mucho que hacer. Debes ser importante." ¿Tienes todos sus documentos?"
ToTTó: "Traje todos los que encontré. Ojala que sean suficientes."
Consuelo: "Vamos a ver. Vamos a la sala de conferencias, está vacía, allá podemos trabajar tranquilos."
========

Trabajamos más de cuatro horas. Ella llenó los documentos necesarios para la ciudadanía. Felizmente tenía todos los que eran necesarios. Hizo foto copias de todos mis documentos, los llevo para que el Decano lo revise. La esperé Cuando regreso me dijo:
========
Consuelo: Felizmente todo está en orden. El empleado del correo que recoge la correspondencia diplomática viene mañana. No podemos esperar. Es hora de almorzar. Vamos al correo de Palo Alto y almorzamos en un restaurante. "
ToTTó: "Te agradezco por tu ayuda."
Consuelo: "No tienes que agradecerme, es mi trabajo. Ya te dije que comprobaré si es vedad lo que dicen de tu famita."
ToTTó: "Como tu quieras. Debes saber que te respeto y puedes hacer lo que quieras cuando estamos juntos."
Consuelo: " Ja. Ja. Ja. Ya me lo han dicho. Respetas todas las mujeres. Dicen que eres diferente. Lo comprobaré. Ya veras."
========
Nos hicimos muy amigos y llegamos a enamorarnos. Consuelo cumplió su deseo de comprobar mi famita. *(Esta es otra anécdota digna de otro capítulo)*.

Rencuentro con Consuelo en el Supermercado

Como empleado del banco, vendiendo cuentas bancarias en el supermercado, tenía que usar un guarda polvo azul, con el nombre del banco, para que los clientes me reconozcan. Un jueves de esos inesperados, durante mis 15 minutos de descanso, como acostumbraba, estaba sentado en un banco, cerca de la puerta del supermercado, tomando mi café. No me di cuenta que una persona me había estado observándome. Soy tan despistado. De improviso, esa señora se me acercó y puso una moneda en mi taza de café. Sorprendido la miré y le dije:
========
ToTTó: "Gracias por su valiosa ayuda. Dios se lo pague."
La Señora: "ToTTó. No haz cambiado en absoluto. Sigues siendo ese caballero despistado y gracioso. ¿Ya no sabes quién soy? ¿Ya no me reconoces? Soy Consuelo de Stanford. ¿Te acuerdas de mi?"
ToTTó: "Perdóname. ¿Consuelo la secretaria del decano? La verdad es que no te reconocí."

Antonio de Pórcel Flores Jaimes Freyre

Consuelo: "No te culpo. Estoy bastante cambiada. Después de la operación, como puedes ver, no soy la pechugona que tu conociste. Ahora soy flaca, como me ves. Tu no haz cambiado mucho. Un poco más viejo, pero sigues muy apuesto. Gusto de verte. ¿Qué haces aquí disfrazado?"
ToTTó: "Ja. Ja. Ja. Sigues usando tu buen humor. Exactamente como en nuestros bellos tiempos. Yo debo hacerte esa pregunta."
Consuelo: "¡Hay ya yay! Sigues respondiendo con otra pregunta."
ToTTó: "No creo que viniste a este supermercado a comprar tus hortalizas. Me acuerdo que eras muy particular en tus compras. Siempre íbamos al Centro Comercial de Stanford."
Consuelo: "Tienes razón. Así era. Pero los tiempos han cambiado. Me jubilé. Ya sabes que mi sueldo no era fenomenal. Ahora vivo modestamente. Me casé con ese abogado. Creo que tu sabes de eso. No me fue bien, el se quedó con todo. Así es la vida."
ToTTó: "Así es la vida. Todos pensaron que te casaste muy bien."
Consuelo: "Estaba enamorada como una loca. Tu me enseñaste que podía hacer lo que quería. No me salió bien. No te culpo. Fui feliz por unos años. Fui feliz contigo también. No sabes que bien me siento ahora que te encontré."
ToTTó: "No me he olvidado de ti. Me acuerdo de ti, sonriendo".
Consuelo: "Sigues diciendo cosas que a una la hacen sentir bien. Pero no haz contestado mi pregunta. Creo que no tienes tiempo para conversar. ¿Tienes planes para este domingo? Me gustaría que estemos juntos, pasar un tiempo contigo."
ToTTó: "Tengo libre el martes y el jueves de la próxima semana."
Consuelo: "Voy a mis clases de Yoga todas la mañanas. Estoy libre en las tardes. Podemos almorzar, tu escoge el día."
ToTTó: "El Martes me parece bien, almorzamos."
Consuelo: "Vivo en Palo Alto. Te espero al medio día. Esta es mi dirección y mi teléfono. " {*Lo que pasó con Consuelo es una anécdota que merece otro capítulo*}.
========
Recogí a Alejandro, fuimos al departamento. Generalmente Sandy nos llamaba los viernes en la tarde, de noche en Chicago. Estábamos atentos a su llamada. Hablé con ella acerca de Consuelo.
========
Sandy: "Ahora tengo más tiempo. ¿Cómo están?"

ToTTó: "Estamos bien. ¿Cómo estás?"
Sandy: "Un poco más relajada. Me estoy acostumbrando. Está semana aprendía usar las ametralladoras. En mi vida me hubiera imaginado eso. El sargento me dijo que tengo que practicar. Ja. Ja. Ja. Como si yo necesitara aprender eso."
ToTTó: "Tienes que aprender lo que te enseñen, saben lo que hacen."
Sandy: "Me he soñado contigo y con otra mujer. ¿Haz conocido a alguien?"
ToTTó: "Tienes una intuición excelente. El otro día estaba sentado tomando mi café y una señora puso una moneda en mi tasa. Le agradecí. No la reconocí. Era, mi amiga Consuelo, la secretaria del decano en Stanford. Me ayudó con los documentos para mi Nacionalización en 1974. No la reconocí. Estaba muy cambiada."
Sandy: "¿Una de tus amigas de tus días en Stanford? Me sorprende que no la reconociste."
ToTTó: "Está muy cambiada fisicamente. Dijo que tubo una operación. Era bastante gordita y de senos grandes, ahora está flaca."
Sandy: "Eres un despistado. Si ahora no tiene esos senos, la han debido operar de cáncer en las mamarias. Pobre mujer."
ToTTó: "Es posible. No pensé en eso. Voy a almorzar con ella el martes. Quiero que sepas."
Sandy: "Gracias por avisarme. Eso me pone tranquila. Me cuentas lo que pase si quieres. Si ella quiere hacer el amor contigo y te lo pide, no la rechaces. Se puede lastimar mucho. Tu sabes como son las mujeres, especialmente tus amigas."
ToTTó: "Sé como lo voy a hacer. Te contaré lo que pase. ¿Qué me cuentas?"
Sandy: "El oficial que mi platón me esta echando el ojo. Parece interesado en ya sabes qué."
ToTTó: "¿Te gusta?"
Sandy; "No sé. Me está gustando el doctor. Pero es muy serio. Además, está prohibió tener relaciones con marineros, sean estos oficiales o cadetes. Flaca como estoy, no creo que tengan interés. Ja. Ja. Ja."
ToTTó: "Uno nunca sabe. Tu haces lo que quieres. Ya lo sabes. Te quiero mucho y siempre quiero que seas feliz."
Sandi: "También te quiero. Te felicidad es muy importante."

Antonio de Pórcel Flores Jaimes Freyre

ToTTó: "Nuestra felicidad. ¿Quieres habar con Alejandro?"
Sandy: "Si, por favor. Contigo hasta la próxima. Ya sabes, trata de no lastimar a esa pobre mujer."
ToTTó: "Si lo sé. Aquí está Alejandro, te lo paso. Cuídate y dispara lo mejor que puedas."
Sandy: "Que chistoso eres. Cuando nos veamos te dispararé, como sabemos. Chau."
========

El banco cerró el programa en los supermercados. Felizmente nos pagaron tres meses de desahucio. Me sorprendió que mandaran un cheque para Sandy. Ella dejó de trabajar cuando se fue a la marina. Pensé que se equivocaron. Hablé con el Sargento.
=========

ToTTó: "Buenos días. Quiero hacerlo una pregunta."
El Sargento: "Me alegra verlo. Su esposa lo está haciendo muy bien. por el inglés le han dado un mes más. Su oficial la recomendó. ¿Que me quiere preguntar?"
ToTTó: "Gracias por contarme como está ella. Me habla por teléfono cada viernes. El banco cerró el programa, donde trabajábamos Sandy yo. Mandó un cheque para Sandy, pero ella ya no trabajaba para el banco. Creo que se han equivocado."
El Sargento. "No se han equivocado. Tienen la obligación de hacerlo. Cuando su esposa fue aceptada, según la ley, estaba de comisión en servicio, seguía en el banco. Esos cheques son legales, ella puede cobrarlos cuando quiera, tienen una duración de un año."
ToTTó: "Gracias por la aclaración. Una cosa más. ¿Que pasará cuando termine su entrenamiento?"
El Sargento: "Le darán su uniforme de cadete de primera. Si ha terminado su entrenamiento con grado superior, ella podrá elegir la carrera que quiere seguir en la marina y la base donde la prepararán para esa carrera."
ToTTó: "Sandy me dijo que estaba pensando escoger la carrera de mecánica de aviones. ¿Qué le parece?"
El Sargento: "Esa es una buena carrera. Tendrá que trabajar en una base te tenga un aeropuerto. La mejor base es la de San Diego."
ToTTó: "Gracias por la información. Eso le diré."
========

Colección de Anécdotas Amoroso Sexuales Anécdotas: 46 -53

Los cheques eran válidos y de posibilidad de vivir en San Diego sin tener que dejar California. Dependía de donde la destinarían. Podían mandarla a un portaviones, durante seis meses. Eso hubiera sido muy fuerte y traumático para ella.
Sandy me llamó, me dijo:
========
Sandy: "Mi entrenamiento termina el viernes 26 de Junio. El sábado 27 me voy a graduar sola, porque mi pelotón se graduó hace un mes y me perdí la celebración. Eso no importa. El domingo 28 de Junio tengo un día libre para estar con ustedes, tienes que recogerme y llevarme de vuelta a la base. ¿Cuál es tu plan de viaje?"
ToTTó: "Este es el plan de viaje. El 4 de Junio, día de mi cumpleaños, empezamos el viaje. Iremos acampando en varios lugares durante 15 días. Llegaremos a Omaha el viernes 19 de Junio, nos quedamos 5 días visitando a Cecilia. Llegamos a Chicago el sábado 26 de Junio. Acampamos cerca a los lagos. El 28 te recojo y te llevo a la base. ¿Qué te parece?"
Sandy: "Me parece bien. Trata de no cambiar el plan."
ToTTó: "¿Sabes a que base te van a mandar?"
Sandy: "Escogí la base de Pensacola en la Florida. Tienen el mejor entrenamiento para mecánicos. Creo que dura 3 meses."
ToTTó: "Sabes donde te mandarán cuando termines?"
Sandy: "No lo se todavía. Ya hablaremos de eso. Ahora tengo que cortar, están esperando por el teléfono."
========
Fui a ver al Sargento. Necesitaba información de Pensacola.
========
ToTTó: "Buenos días. Disculpe. Otra vez molestándolo.
El Sargento: "No es una molestia. En qué puedo ayudarlo."
ToTTó: "Sandy escogió la base de Pensacola, Florida para su entrenamiento de mecánica. Me dijo que es la mejor."
El Sargento: "Ella tiene razón, es la mejor. Pensacola es una linda ciudad pequeña en el Golfo de México. Estoy seguro que les gustará. Clima seco, sin humedad, no es como el resto de la Florida."
ToTTó: "Gracias por avisarme. Pensé que extrañaré California. Debo llegar unos días antes que Sandy termine su entrenamiento. Tengo que alquilar un departamento. No sé si lo podre conseguir en pocos días ¿Puede usted darme alguna información?"

El Sargento: "Si puedo. He estado en esa base varios años. Vivía en un departamento de tres dormitorios cerca de la base."
ToTTó: "Muchas gracias. Su ayuda es importante, pero no quisiera abusar de su amabilidad. "
El Sargento. "Nada de eso, es parte de mi trabajo, ayudar a las familias. La dueña de la oficina que alquila departamentos es mi amiga. La llamaré y le pregunto si ese departamento esta en alquiler o si tiene otro parecido. ¿Cuándo piensa llegar a Pensacola?"
ToTTó: "Mi plan es llegar el primero de Julio."
El Sargento: "La llamaré preguntando y le aviso. ¿Qué le parece?"
ToTTó: "Muchas gracias. Me da un poco de vergüenza molestarlo."
El Sargento: "Ya le dije que no es molestia. Me da mucho gusto poder ayudar la familia de la nueva marinera. Vaya con Dios."
=========
A los pocos días, el Sargento me llamó y me dijo que el departamento en Pensacola estaba arreglado. Me dio el nombre y el número de teléfono y la dirección de dueña de la oficina.

En Chicago

No les cuento la aventuras de viaje desde San José, California a Chicago. Basta decirles que fue un lindo viaje. Alejandro se divirtió de lo lindo, en los parques donde acampamos, aprendió a armar la carpa y otros menesteres.

En Chicago, acampamos en un parque, ceca de los lagos. El día 28 de Junio, fuimos a recoger a Sandy de la base. Nos estaba esperando en la puerta de la base. Cuando la vi, me sorprendí. Estaba flaquísima, como si no se hubiera alimentado todos esos meses. Nos besamos, beso a Alejandro. Pasamos el día sin mayores novedades. Conversando sentados en la arena de la playa. Le conté:
========
ToTTó: "Ya tenemos un departamento de Pensacola."
Sandy: "¿Cómo dices? ¿Alquilaste un departamento?"
ToTTó: "Todavía no lo alquilé, pero lo están limpiando."
Sandy: "¿Cómo hiciste?"

ToTTó: "El Sargento me ayudó. Me puso en contacto con su amiga que alquila departamentos. Hable con ella. Me dijo que estará listo mañana."
Sandy: "Te las ingenias muy bien. No conocemos Pensacola y ya alquilaste un departamento. ¿Cómo es?"
ToTTó: "Tiene tres dormitorios, no es caro. Queda cerca a la base y de la playa. Creo que te va gustar."
Sandy: "¿Como sabes que me va a gustar si no lo haz visto?"
ToTTó: "Conozco tus gustos. El Sargento me explicó como es, él vivía ahí hace tiempo, cuando estaba en la base de Pensacola."
Sandy: "Seguro que me gustará. Cualquier cosa será mejor que los meses que pasado. Mírame, lo flaca que estoy. He aprendido mucho estos cuatro meses. Ha sido muy duro, pero estoy feliz de volver a estar con ustedes, los quiero mucho. "
========
Pasamos tres meses en Pensacola. Como Sandy obtuvo las mejores calificaciones, la mandaron a seguir un entrenamiento en mecánica de helicópteros, a la base de Orlando, en La Florida.

Cuando terminó ese entrenamiento, por suerte, la destinaron a la base de Coronado en San Diego, donde estuvo los siguientes 4 años.
{*Lo que pasó en Pensacola todo este tiempo es digno de una o varias anécdotas para otros capítulos.*}

Fin de la Anécdota
> > > > > * * * * * < < < < <

Antonio de Pórcel Flores Jaimes Freyre

"Sandy:
Te las ingenias muy bien.
No conocemos Pensacola
y ya alquilaste un departamento.
¿Cómo es?"

ToTTó:
Tiene tres dormitorios, no es caro.
Queda cerca a la base y de la playa.

Creo que te va gustar."

Sandy:
"¿Como sabes que me va a gustar
si no lo haz visto?"

ToTTó:
Conozco tus gustos.

Apéndice E

El Orgasmo Sexual sin Amor

y el

El Orgasmo Amoroso y Sexual

Antonio de Pórcel Flores Jaimes Freyre

En este apéndice

trataré de explicar,

Con un ejemplo,

la diferencia entre un:

"Orgasmo Amoroso-Sexual"

y un

"Orgasmo Puramente Sexual"

¡Sin amor!

A Manera de Introducción

En este apéndice trataré de explicar, la diferencia que hay entre un: "Orgasmo Amoroso-Sexual", con amor y un "Orgasmo Puramente Sexual" sin amor.

En mi "Teoría de Amor y del Sexo" trato de explicar las diferencia que hay entre: "Hacer el Amor" y "Tener Sexo", son dos cosas muy diferentes.

Para que una pareja pueda "Hacer el Amor" ambos deben estar "enamorados", si no lo están, no pueden llegar a tener un "Orgasmo Amoroso-Sexual". El Amor primero, luego el sexo producido, como fruto del amor.

Una pareja no necesita estar "enamorada" para tener sexo, basta tener la excitación sexual, que es una necesidad. Como toda necesidad corporal, tiene que ser satisfecha.

Lastimosamente, en casi todas la relaciones sexuales, es el hombre el que queda satisfecho, después de eyacular. Generalmente la mujer, queda insatisfecha ya que tarda mucho tiempo en sentir un orgasmo puramente sexual.

Tataré de demostrar, con un ejemplo, como el hombre puede y debe tener sexo (sin o con amor), para poder satisfacer sexualmente a un la mujer.

Para ello, he copiado la Anécdota titulada: "Mis Amigas de la Cafetería" publicada en mi "Auto Biografía en un Bohemio Despistado". {*Volumen 03; Capítulo 31; Páginas 159-180*}.

Antonio de Pórcel Flores Jaimes Freyre

Ejemplo de Como Hacer el Amor
{*Volumen 03; Capítulo 31; Páginas 159-180*}.

Anécdota 36 (V3/115)

Virginia - Soraya - Lisa - Elva - Lina - María José
Mi Amigas de la Cafetería
- Madrid -

No todas mis experiencias con bellas mujeres, ha sido de amor, de un enamorarse paulatino, que, poco a poco, se ha ido convirtiendo en amor, forjando una común unión, una comunión, que terminaba en un maravilloso orgasmo de amor.

En mi vida he tenido muchas relaciones simplemente sexuales. En la cuales, el orgasmo de la mujer no era amoroso sexual. Es interesante hacer notar que algunas de esas relaciones, que empezaron siendo puramente sexuales, se fueron convirtiendo en relaciones amoroso-sexuales. Empezaron sexualmente y terminaron siendo amorosas.

Este es el caso de muchas amigas que, por cualquiera que sean las razones, vendían su cuerpo. Las llamaba: "Mis Amigas de la Cafetería". Mis amigas, muy elegantes y mejor maquilladas, sentadas de cuatro en cuatro, a las mesas en una cafetería, esperaban a sus clientes.

Cuando recibían el dinero de sus becas, varios residentes del Colegio Guadalupe, amigos míos, me invitaban a ir con ellos a esa cafetería. Generalmente éramos un grupo de 6 a 8 amigos, todos hispano-americanos. Los mozos ya nos conocían. Juntaban unas mesas y nos sentábamos juntos a tomar café. Cada uno pagaba su cuenta y alguno de ellos pagaba la mía, porque yo no tenía dinero.

Como quién hace nada, ellas conversaban amenamente, mientras uno de mis amigos escogía la mujer que le gustaba, para satisfacer sus necesidades. Ellas, coquetas, trababan de conquistarlos en forma bastante disimulada.

Colección de Anécdotas Amoroso Sexuales Anécdotas: 46 -53

Cuando uno de mis amigos elegía una de ellas, llamaba al mozo y le decía cual de ellas era la escogida. El mozo, recogía su propina. Iba a la mesa de la escogida y señalaba, al cliente.

La escogida se paraba y salía de la cafetería. El cliente la seguía y partían en el taxi. Terminado el agasajo. Volvían, en el mismo taxi. Cuanto más rápido volvían, era mejor para las ellas.

Todas me conocían solamente de vista. Nunca he tenido la necesidad de pagar por sexo y, aunque la hubiera tenido, en Madrid no tenía dinero para poder darme esos lujos. Les conté que me cancelaron la beca y vivía al crédito. *{ Volumen 2 ; Capítulo 14 ; Páginas: 29-42 }*
{ Volumen 4 ; Capítulo 34 ; Páginas: 37-58 }

Entre las señoritas, había un bastante feíta, flaca, desgarbada, no tenía muchos clientes. De manera que, no era raro que se quede solita, mientras las otras estaban estaban ocupadas en su faena. Como era muy flaca, mis amigos, burlándose de ella, la llamaban: 'La Guillete'.
Era común que ella y yo nos quedáramos sentados, observando a la concurrencia. Cuando eso pasaba, ella muy gentil, sonriéndome, ordenaba otro café para mi. La saludaba con una venia.

Un día, el mozo me dijo que ella quería conversar conmigo, que no era la costumbre, pero si yo quería, podíamos sentarnos, por un momento, al fondo de la cafetería. Estaba curioso. Acepté su pedido. Caminó a esa mesa, yo la seguí. Conversamos.
========
ToTTó: "Buenos días señorita. Me llamo Antonio, mis amigos me llaman ToTTó. Gusto de conocerla."
Ella: "Hombre, qué gentileza. Para empezar, no soy una señorita. No te digo mi nombre, porque no es necesario. Estoy curiosa. ¿A que vienes? ¿Porqué te quedas sentado? Eres el comentario general. ¿Eres homosexual?"
ToTTó: "No soy homosexual. Vengo a tomar café."
Ella: "¿Por qué no escoges a una de ellas?"
ToTTó: " No me gusta pagar por esa magnífica compañía. Aunque me gustaría, no tengo el dinero."
Ella: "¿Vives en el Guadalupe sin dinero? No te creo."

Antonio de Pórcel Flores Jaimes Freyre

ToTTó: "Por favor. No me llames mentiroso."
Ella: "Perdona. No quería ofenderte. Me sorprendiste. Eres muy susceptible. Todos tus amigos tienen bastante dinero, eso lo sabemos. ¿No tienes beca?"
ToTTó: "No tengo beca. Me la cancelaron."
Ella: "¿Qué haz hecho para que te la cancelen?"
ToTTó: "Nada. Me la canceló el gobierno de mi país. Mandaron a otro en mi lugar."
Ella: "Dirás que soy muy preguntona. Si te molesta me avisas."
ToTTó: "No me molesta. Puedes preguntarme todo lo que quieras. No tengo secretos."
Ella: "Yo si tengo muchos secretos."
ToTTó: "Me imagino."
Ella: "Si no tienes beca y no tienes dinero: ¿Cómo vives en el Guadalupe? Es un colegio famoso y muy caro."
ToTTó: "El director es amigo mío. Vivo al crédito. En el verano voy a trabajar a Alemania o otro país, ahorro mi dinero, cuando vuelvo, pago mi deuda y listo."
Ella: "Entonces, sabes como hacerlo."
ToTTó: "Si, sé. Gracias por invitarme el café."
Ella: "¡Ha! Por eso, no tienes que agradecerme."
ToTTó: "Me permites que te haga una pregunta?"
Ella: "No sé. Si quiero, la contesto, si no quiero, no la contesto."
ToTTó: "Eso me gusta de ti. Cuando estás conmigo, quiero que sepas que eres libre, puedes hacer y decir lo que quieras."
Ella: "¿Por qué dices eso?"
ToTTó: "Mi mamá, desde que era chico, me ha enseñado que debo respetar a la mujer, sin que me importe: como es, que quiere, que dice o que hace."
Ella: "¿Sabes que es lo que hago y me respetas?"
ToTTó: "Te respeto porque eres mujer, no importa lo que tu hagas. Por eso te llamé señorita, porque para mi eres una señorita."
Ella: "Primera vez que oigo decir eso. Que interesante. Tu mamá te enseño muy bien. Me llamo María Virginia. Puedes llamarme Virginia ¿Crees que podemos ser amigos? Quiero ser tu amiga."
ToTTó: "Es un honor, para mi, ser tu amigo."

Colección de Anécdotas Amoroso Sexuales Anécdotas: 46 -53

Virginia: "¿Sabes? Me vas hacer llorar. Eres diferente. Gracias por ser mi amigo, eres mi único amigo. Ahora estoy muy feliz."
ToTTó: "Yo también estoy feliz de ser tu amigo."
========

Se acercó el mozo y nos pidió que volviéramos a nuestras mesas. Virginia me extendió su mano, la acaricié, sonriendo.

En su mesa estaban sentadas dos de ellas. No sé qué hablarían, pero de rato en rato, me miraban sin disimular. El mozo me trajo otro café. Hice un venia agradeciendo a Virginia.

Desde ese día, cuando íbamos a esa cafetería. Todas me sonreían, muy amables. Yo contestaba sonriendo. Cuando todas se iban con sus clientes. Virginia quedaba sola. Nos sentábamos a conversar un rato. Poco a poco nos llegamos a conocer.

Virginia venia de una familia de clase media alta, que vivía en Bilbao, al norte de España. Un tío la violó. Quedó preñada a los quince años. Le echaron la culpa a ella y la botaron de su casa. Una comadre la ayudó a ir a Madrid. Pasó muchas penurias y, como casi todas ellas, tuvo que dedicarse a la prostitución. Como era fea, su tarifa era más barata. No ganaba mucho dinero, sabía manejarlo muy bien. No gastaba mucho, en ropa ni en pinturas.
Un día me dijo:
========
Virginia: "Si quieres tener sexo conmigo, sólo tienes que decirme. Sé que soy fea, pero soy muy buena."
ToTTó: "Gracias por tu linda oferta. Me encantaría hacer el amor contigo, mucho mas que tener sexo."
Virginia: "¡Qué chistoso eres! ¿Cuál es la diferencia?"
ToTTó: "La diferencia es muy grande, en calidad."
Virginia: "Estás hablando en difícil."
ToTTó: "¿Quieres que te explique?"
Virginia: "Si, quiero."
ToTTó: "¿Puedo hacerte unas preguntas, personales?"
Virginia: "Si no quiero, no te contesto. Me haz dicho que soy libre."
ToTTó: "Si, eres libre. ¿Haz tenido un orgasmo?"

Antonio de Pórcel Flores Jaimes Freyre

Virginia: "Tu pregunta es personal. ¿Por qué me preguntas?"
ToTTó: "Por que es importante, si quieres entender cuál es la diferencia entre tener sexo y hacer el amor."
Virginia: "Tengo muchos orgasmos. Ya te dije que soy buena. ¿No me crees?"
ToTTó: "No te enojes conmigo. Pero no te estoy preguntando si eres buena para fingir, para hacer creer que tienes orgasmos, de manera que el cliente esté contento. Estoy hablando de ti como mujer a quién respeto."
Virginia: "¡Hay ya yay! En que me estoy metiendo. Parece que tu sabes mucho del sexo."
ToTTó: "Se bastante. Contesta mi pregunta."
Virginia: "Esto parece una confesión. Desde que me violaron, he sufrido tanto, que no me gusta el sexo. He aprendido, como hacer para que hombre se sienta satisfecho, en el menor tiempo posible. Muchas veces les hago sexo oral primero, eso es mejor para mi. Al cliente no le importa lo que siente la mujer, cuanto mas barato, mejor para ellos."
ToTTó: "Otra pregunta. ¿Te masturbas?"
Virginia: "Ya te dije que no me gusta ni me importa el sexo. No me masturbo. Antes lo hacía, pero es muy aburrido, tardo mucho tiempo para poca cosa."
ToTTó: "Entonces no haz tenido un orgasmo de amor. No sabes lo que es, ni como lo siente la mujer."
Virginia: "No te entiendo. Parece una teoría."
ToTTó: "No es una teoría. Para tener un orgasmo de amor, es necesario estar enamorada. El amor primero y después el sexo. No al revés, como sucede casi siempre. Pocos hombres saben esto, para ellos el sexo es primero, se olvidan de la mujer, no la respetan. No les importa si hay amor. Además, la mujer tarda más tiempo antes de tener un orgasmo."
Virginia: "Es interesante lo que dices. No lo he oído antes. Si el hombre respeta a la mujer, entonces tiene que esperar a que ella esté satisfecha. ¿Eso quieres decir?"
ToTTó: "Eso y mucho más. Para que la mujer tenga un orgasmo de amor, tiene que sentirse amada, deseada, como una reina. Su orgasmo primero se produce en su mente, en su inconsciente y después en su vagina. Su orgasmo amoroso, es como un sueño."

Virginia: ¿Puede el hombre tener un orgasmo de amor?"
ToTTó: "Si puede, pero es más difícil que él lo tenga. El hombre no tarda en eyacular el semen, entonces tiene su orgasmo puramente sexual sin amor y queda satisfecho. Eso le es suficiente."
Virginia: "¿Porque es más difícil para él?"
ToTTó: "Para que, el hombre tenga un orgasmo sexual con amor, tienen ambos que estar enamorados. Antes de entrar en ella, debe demostrarle su amor, amarla antes, durante y después da la unión sexual. Pene-entrarla solamente cuando la mujer esté lista para sentir su orgasmo, non antes. Sentir como su vagina pulsa cuando el pene entra. Entonces la eyaculación del hombre es mágica, el hombre tiembla todo, se entrega a la mujer con amor, olvidándose de si mismo."
Virginia: "¿Tu has tenido ese orgasmo de amor?"
ToTTó: "Muchas veces, con mujeres, a las que he amado y sigo amando. Primero es el amor y después es el sexo amoroso."
Virginia: "¿Si lo haz tenido, crees que puedas tenerlo conmigo?"
ToTTó: "Creo que si. Pero tenemos que estar enamorados, amarnos y respetarnos mutuamente."
Virginia: "¡Qué lindo sería! Me estás haciendo antojar. Dices que lo haz tenido con muchas veces. ¿No se ponen celosas?"
ToTTó: "Si me aman, se respetan a si mismas y me respetan, no se ponen celosas."
Virginia: "¿Cómo es eso? No lo entiendo."
ToTTó: "Los celos nacen cuando una persona cree que el amante o la amante le pertenece, cuando trata a la otra persona como si fuera un objeto, no la respeta como persona. Nacen del miedo de perder algo que tienen, que poseen, del miedo de perder el amor de la otra persona. "
Virginia: "No sabía que son los celos. Yo no soy celosa, no amo a otra persona. No sé lo que es amar."
ToTTó: "Cuando una persona ama, está enamorada, no tiene la necesidad de poseer a la persona amada. Amar es todo lo contrario. El amor es entrega total, sin condiciones. La persona que ama, quiere que el amante sea feliz. Ese es el verdadero amor. Los celos no nacen del amor, sino de la necesidad de ser amada."
Virginia: "Entonces hay una diferencia entre amar de verdad, respetando los deseos de la persona amada y su libertad, que tener la necesidad de ser amada, de poseer a la persona."

Antonio de Pórcel Flores Jaimes Freyre

ToTTó: "Si. Es fácil saber cuando la persona no ama de verdad, cuando necesita ser amada."
Virginia: "¿Cómo se sabe eso?"
ToTTó: "Si la persona te dice: 'Si me amas tienes que demostrarlo, tienes que hacer lo que yo quiero. Si no lo haces quiero, quiere decir que no me amas. Esa persona necesita ser amada y no ama de verdad."
Virginia: "Parece que es una manera de obligar a la otra persona, de quitarle la libertad y de mantenerla bajo su poder. No se respeta la libertad de la persona."
ToTTó: "Lo haz dicho perfectamente. La persona que necesita ser amada, no respeta a la otra persona, ni se respeta a si misma. Trata de dominar a la persona que dice que ama."
Virginia. "Hay ToTTó. Tengo tanto que aprender. Estoy feliz de ser tu amiga. ¿Crees que podemos llegar a enamorarnos? Quisiera sentir ese orgasmo de amor."
ToTTó: "Somos amigos, todo puede pasar. Tenemos que dar tiempo al tiempo. El amar es como una plantita que hay que cultivarla. Nace de la amistad, poco a poco. Es posible que llegaremos a enamorarnos. Me gustaría mucho amarte de verdad y que tu me ames."

========

Paso el tiempo, seguíamos conversando algunas veces. Llegamos a conocernos. Virginia era una persona maravillosa, amorosa, tierna, dulce y muy inteligente.

Mis Amigas Rosa y Leticia

Les conté en otro capítulo, que mi is amigas: Rosa y Leticia tenían amigos en la embajada de Bolivia en Madrid. {Volumen 4; Capítulo 34; Páginas 37-58}. Un día es de esos, me llamó Leticia diciéndome que un amigo de ella, que trabajaba en la embajada de Bolivia, quería hablar conmigo. Tenía que preparar una recepción, al ministro de educación su comitiva, quienes que llegarían en una visita oficial a Madrid. Me dio el nombre de su amigo.

Llamé al empleado de la embajada e hice una cita con él. Esta fue nuestra conversación:

Colección de Anécdotas Amoroso Sexuales Anécdotas: 46 -53

========

El señor: "Hola Antonio, me llamo Pedro B.. Gracias por venir. Ojala que nos puedas ayudar. El ministro de educación y su comitiva llegan en dos semanas. Me han encargado hacer los preparativos privados para su comitiva."

ToTTó: "Me puedes llamar ToTTó, es mi sobre nombre. ¿Dices que necesitas ayuda, con los preparativos privados? No te entiendo."

Pedro B. "Ellos quieres divertirse un poco. Sabes, pasarla bien. No todo es trabajo."

ToTTó: "Todavía no te entiendo. Si quieres que te ayude, tienes que hablar claro. Ten confianza en mi. Todo lo que hablemos quedará entre nosotros."

Pedro B. "¿Lo dices de verdad? ¿Puedo confiar en ti? Te cuento que vienes muy bien recomendado."

ToTTó: "¿Puedo saber quien me recomendó?"

Pedro B. "Tu primo, que es muy amigo del embajador."

ToTTó: "Está bien. ¿Qué necesitas?"

Pedro B. "Después de las reuniones, antes que vuelvan a La Paz, quieren tener una fiestita privada. Yo me encargo del local. ¿Puedes conseguir algunas mujeres? Ya sabes a quienes me refiero."

========

Pensé en Virginia y en el negocio que ella podía hacer.

========

ToTTó: "Creo que puedo. ¿Cuántas necesitas?"

Pedro B. "Todas las que puedas."

ToTTó: "¿Que presupuesto tienes?"

Pedro B. "Sin límites, de eso no te preocupes. Me dices cuanto y te doy el dinero en efectivo. ¿Qué te parece?"

ToTTó: "¿Que clase de recibos necesitas?"

Pedro B. "Te dije que esto es personal, no se necesitan recibos. Pero, por favor, no me traigas algo que no sirva."

ToTTó: "Las quieres fresquitas y bonitas, me figuro."

Pedro B. "Si eso se puede conseguir, mucho mejor."

ToTTó: "Pero te costaran más dinero. No son baratas."

Pedro B. "Ya te dije que no te preocupes del dinero, traes una para mi y otra para ti."

ToTTó: "¿Cuantas personas estarán en la fiestita?"

Antonio de Pórcel Flores Jaimes Freyre

Pedro B. "Sólo las personas importantes."
ToTTó: "¿Cuantas necesitas?"
Pedro B. "Contándonos, unas 15 ñatas. Si se necesitan más, que tomen turnos."
ToTTó: "¿Para cuantas horas?"
Pedro B. "Toda la noche del viernes. La fiesta va ser fantástica si traes buenas hembras."
ToTTó: "¿Qué viernes?"
Pedro B. "El viernes de la próxima semana."
ToTTó: "Me estas dando muy poco tiempo. Sólo una semana."
Pedro B. "Yo sé que tu las puedes conseguir."
ToTTó: "A último momento, son más caras."
Pedro B. "Ya te dije que no te preocupes del dinero."
ToTTó: "¿Cuando me darás el dinero?"
Pedro B. "Cuando sepas cuanto dinero. El dinero ya está listo. Te entrego el dinero el Miércoles, dos días antes de la fiesta. "
ToTTó: "¿Donde va a ser la fiesta?"
Pedro B. "Estoy contratando un hotel, que tenga una sala grande."
ToTTó: "¿Tu te encargas de toda la preparación?"
Pedro B. "No, eso se contrata con un servicio profesional. Sólo me encargo de las picochas. Esto es muy privado, no puede ser oficial."
ToTTó: "Eso entiendo. Tú no te preocupes por los arreglos, yo por las pichochas. No me preocupo por el dinero. Te voy a llamar cuando estén listas."
Pedro B. "Cuando llames, le dices a la recepcionista que te conteste, que haz llegado recién y quieres hablar conmigo, porque somos amigos. Nada más."
ToTTó: "Eso le diré."
Pedro B. "Te diré donde nos encontramos, para darte el dinero."
ToTTó: "Perfecto. Manos a la obra. La pasaremos lindo en la fiestita. Recomendaré a la más linda para ti ¿Qué te parece"
Pedro B. "Para eso están los amigos."
========
No estaba interesado en el dinero, ni en la fiestita, aunque tenía a la fuerza que participar.

Colección de Anécdotas Amoroso Sexuales Anécdotas: 46 -53

Era un gran negocio para Virginia y una buena oportunidad para sus amigas, que no se podía desperdiciar. Necesitaban 15 pichochas, como él dijo, por una noche, sin contar a Virginia. No tenía idea de cuanto podrían cobrar.

Al día siguiente fui a la cafetería. Ellas estaban ahí. Señalando a Virginia, le dije al mozo con quién quería estar. Virginia se paró y salió. La seguí. El taxi estaba esperando. El taxi nos llevo a un hotel. Virginia estaba toda sorprendida. Entramos al hotel, nos dieron la llave de un cuarto. Yo no tenía dinero, Virginia pagó. Entramos al cuarto. Virginia sorprendida me dijo:
========
Virginia: "¿Qué hacemos aquí?"
ToTTó: "Un negocio que te va a gustar."
Virginia: "Tu y tus bromas. ¿Qué negocio?"
ToTTó: "¿Cuantas amigas disponibles para una noche tienes?"
Virginia: "¿Estás loco? ¿Qué te propones?"
ToTTó: "Ya te dije un buen negocio."
Virginia. "Tenemos poco tiempo, el taxista esperando."
ToTTó: "No importa que esperé."
Virginia: "Sera más caro y sé que tu no tienes dinero."
ToTTó: "No te preocupes. Es un negocio de mucho dinero."
Virginia: "¿Te estás burlando de mi?"
ToTTó: "Claro que no. ¿Cómo se te ocurre? Sabes que te respeto."
Virginia: "Perdona, pero estoy nerviosa."
ToTTó: "Bueno, no te hago esperar más. El viernes de la próxima semana, hay una fiesta particular. Necesitan 15 de tus amigas, para toda la noche. Puedes cobrar lo que tu quieras. A tus amigas les pagas lo que sea justo y te quedas con el resto."
Virginia: "¿Qué dices? ¿Quien da la fiesta? ¿No es peligroso?"
ToTTó: "Te digo quien da la fiesta, pero es confidencial, no lo puedes publicar, ni decirles a tus amigas. La fiesta es de una embajada para una delegación que ha llegado. No necesitas saber más."
Virginia: "¿De una embajada? ¿Cómo lo haz conseguido?"
ToTTó: "Por casualidad. Tengo un primo que me recomendó. Eso no importa. Buen negocio, puedes cobrar lo que quieras."

Antonio de Pórcel Flores Jaimes Freyre

Virginia: "¿Tu no quieres el dinero? Podemos partirnos."
ToTTó: "Acepté el negocio pensado en ti y en tus amigas. A mi no me interesa el dinero. Es tuyo."
Virginia: "¿Vas a estar en la fiesta?"
ToTTó: "Tengo que estar a la fuerza. Además, no te dejaré sola. Ahí estaremos los dos, serás mi pareja, si quieres."
Virginia: "Claro que quiero."
ToTTó: "Te dije que es para el viernes de la próxima semana, no tienes mucho tiempo. ¿Puedes hacerlo? "
Virginia: "Si, puedo hacerlo. Ahora mismo hablo con las chicas, Quizás consiga algunas más."
ToTTó: "El dinero es tuyo, tu lo manejas, te arreglas con ellas."
Virginia: "Se como hacerlo. Les pago bien para que estén contentas y me quedo con el resto, ya que tu no lo quieres."
ToTTó: "Me avisas cuanto dinero quieres para pedirlo. Me lo entregan dos días antes."
Virginia: "Dijiste que la fiesta es para una embajada?"
ToTTó: "Te dije que es confidencial."
Virginia: "Ahora que lo pienso. Es un buen negocio, parece fácil de manejar. Quizás me dedique a eso. Ya veré en la fiesta como se puede hacer. Gracias a ti. No se de donde sacas todas estás cosas, parecen de película."
========

Fuimos a la fiesta que resultó muy buena. Virginia y yo conversando, ella observando todo, con su ojo clínico. A nadie le importó nuestra presencia. Las niñas mostrando sus encantos, haciendo creer a los jóvenes, que ellos eran muy machos.

Presenté Virginia a Pedro B., diciéndole que él debía ponerse en contacto con ella, directamente, cuando le sea necesario. Pedro estaba feliz con una linda rubia. Dijo que si, lo haría para la próxima fiesta y que la recomendaría a otras embajadas, porque la fiesta era de primera. Me quedé toda la noche con Virginia. Así empezó nuestro idilio. *(Pero esa es una anécdota digna de otro capítulo).*

Varios días después de la fiestita de la embajada, el manco me dijo que mi amiga Virginia me había llamado y me dio el mensaje con su número de teléfono. La llamé de vuelta:

Colección de Anécdotas Amoroso Sexuales Anécdotas: 46 -53

========
ToTTó: "Hola Virginia."
Virginia: "Hola Antonio, que bien que me llamas. Estaba un poco preocupada. Hace días no te vas a la cafetería. Todos los días mis amigas me preguntan por ti. Quieren conocerte."
ToTTó: "He estado bastante ocupado, tratando de arreglar mi asunto de la universidad. ¿Cómo estás?"
Virginia: "Estoy muy bien gracias a ti. Las chicas muy contentas. Quieren hacer una velada para darte las gracias."
ToTTó: "Me alegro que estén contentas. ¿Una velada?"
Virginia: "Bueno, no es una velada, quieren reunirse contigo, en mi departamento, comer algo y pasarla bien. En realidad, creo que quieren conocerte un poco más, después de la fiestita, me hicieron muchas preguntas. ¿Aceptas?"
ToTTó: "Claro que acepto, muy honrado. Me parece bien. Será un placer pasar un rato agradable contigo y tus amigas."
Virginia: "¿Mis amigas? Son tus amigas también."
ToTTó: "Ya lo sé. Es una forma de decir, nada más. Tú, tranquila. ¿Cuando es la velada?"
Virginia: "El miércoles en la tarde, la cafetería estará cerrada."
ToTTó: "Ahí estaré. Dame la dirección. ¿A que hora es?"
Virginia: " A eso de las 2 y media, un simple comida. No necesitas la dirección, te recogeré del Guadalupe, en un taxi. Me esperas afuera, en la puerta."
ToTTó: "Esta bien, así lo haré. Muchas gracias."
Virginia: "No agradezcas por adelantado. Creo que te harán trabajar. Ja. Ja. Ja."
========
Intrigado, por su respuesta, no supe que pensar.

Es Miércoles, llegó Virginia en el taxi que yo ya conocía. Me saludo el conductor:
========
El Conductor: "Buenas tardes Don Antonio. Usted me conoce. Me llamo Ernesto, para servirlo."
ToTTó: "Gusto de verlo, Ernesto. Gracias por venir a recogerme."
Ernesto: "El placer es mío. A su servicio."
========

Antonio de Pórcel Flores Jaimes Freyre

Entré en el taxi, me senté al lado de Virginia. Me besó cariñosamente.
========
Virginia: "Eres puntual. ¿Esperaste mucho tiempo?"
ToTTó: "Cinco minutos."
Virginia: "No vivo muy lejos. Ya te están esperando. Cada una trajo un plato para la comida. Creo que te va a gustar."
ToTTó: "Claro que me va a gustar. Me dijiste que me van a hacer trabajar. ¿Qué les haz contado de mi?"
Virginia: "No seas impaciente. Prepárate. Ja. Ja. Ja."
ToTTó: "Así que no me lo quieres decir."
Virginia: "Para que arruinar la sorpresita. Te conozco. Se que te gustará y que divertirás. Como dices: 'Tu tranquilo'."
========
Seguí su consejo, me quedé tranquilo.
Su departamento, bastante grade, arreglado con muebles simples, pero de buen gusto. Quince bellas mujeres esperando, todas muy elegantes. Cuando entré, se acercaron y me besaron en las mejillas, dándome la bien venida, diciendo su verdadero nombre, que, claro está, no llegué a memorizar ese momento.

Me sorprendió la mesa grande, Virginia notó mi sorpresa y dijo"
========
Virginia: "No te sorprendas, este departamento era uno de los que tenía mi madre. Es lo único que heredé de ella."
========
Una de Ellas: "Soy Soraya, la familia de Virginia tenía dinero. Ya te contará su historia. La comida está lista."
========
Mi hicieron sentar a la cabecera, Virginia, lejos, al frente, al otro lado de la mesa. Todas sentadas, pasando los platos de comida, contentas hablando, todas a la vez, costumbre española. La comida esquicita. El vino no faltaba. Después del almuerzo, pasamos a la sala, que era, mas bien, un salón bastante elegante.

Empezó la sorpresita de la que me habló Virginia. Ella sentada a mi lado en el sillón grande, ellas repartidas cerca, cada una acomodada como quería, una exposición de belleza.

Colección de Anécdotas Amoroso Sexuales Anécdotas: 46 -53

========
Virginia: "Antonio, Sofía quiere preguntarte algo."
Sofía: "Virginia nos ha contado tus historias. Queremos saber si son ciertas y no son sólo tus inventos. No te ofendas, por favor."
ToTTó: "No tengo porque ofenderme. Somos amigos. Ustedes son libres. Pueden preguntar todo lo que quieran."
========
Otra de ellas me dijo:
========
Lisa: "Me llamo Lisa. Todas estamos muy curiosas. ¿Qué es eso que llamas 'Orgasmo Amoroso'? ¿Existe de verdad? Parece un cuento de tu imaginación. ¿Puedes explicarnos, por favor?"
ToTTó: "¿Un examen de competencia? ¿Cual es el diploma?"
Virginia: "Ya llegará. Tranquilo. Contesta las preguntas."
Sofía: "Si, tú tranquilo, explicamos por favor. "
Todas: "Si, si. Cuéntanos todo lo que sabes, queremos saber is es verdad, todo lo que nos ha contado Virginia. "
========
Me armé de valor. Era un desafío que no esperaba. Era muy fácil conversar de ese tema con una persona en forma personal, pero dictar una especie de conferencia, a un grupo de mujeres hermosas, ávidas y curiosas, era algo muy diferente.
No estaba preparado para ello, pero no me podía negar. Tenía que hacerlo. Empecé mi explicación, tratando de ser lo más conciso posible.
========
ToTTó: "Por favor, levanten el brazo aquellas que han tenido un orgasmo sexual."
========

Todas se miraron, un poco sorprendidas y confundidas. Ninguna levantó el brazo.

========
ToTTó: "Ninguna de ustedes ha tenido un orgasmo sexual. No lo puedo creer."
Sofía: "¿Por qué preguntas? Eso es personal."

187

Antonio de Pórcel Flores Jaimes Freyre

ToTTó: "Porque de eso se trata. No es personal. Somos amigos, no debemos tener secretos, si es que nos respetamos. Yo las respeto como mujeres. Respeto a todas las mujeres, mi mamá me lo enseño desde que era chico. Espero que ustedes me respeten. Lo que les voy a decir, merece y tiene que ser respetado. Si ustedes quieren de veras entenderlo, tiene que tomarlo en serio."

Virginia: "Antonio tiene razón. Esto no es un juego."

ToTTó: "Preguntaré muchas cosas personales, porque es necesario, no por curiosidad. Es necesario que ustedes piensen seriamente y contesten mis preguntas sin tener mi sentir vergüenza."

========

Se miraron la una a la otra. Cuatro levantaron el brazo.

========

ToTTó: "Expliquen lo que sintieron. Si el orgasmo fue con otra persona haciendo sexo, o fue masturbándose."

=======

Sofía: "Yo tuve una vez con un hombre y otros masturbándome."

ToTTó: "¿Cómo fueron los orgasmos que tuviste masturbándote? ¿Fueron diferentes o iguales al orgasmo que sentiste con él?"

Sofía: "¡Hay señor, qué preguntita! No fueron iguales. Cuando me masturbo son más fuertes y un poco más largos, con él fue rápido y débil. No quedé satisfecha."

ToTTó: "Explícanos que sentiste, si es que puedes."

Sofía: "Una fuerte sensación, una excitación sexual que duró un poco tiempo. Luego nada más."

ToTTó: "¿Quedaste satisfecha con el hombre?"

Sofía: "No quede satisfecha."

ToTTó: "Estabas enamorada de él?"

Sofía: "No estaba enamorada, él me gustaba. Fue hace tiempo."

ToTTó: "¿Cuantas veces tuvieron sexo?"

Sofía: "Varias veces. Sólo una vez tuve un orgasmo. Las otras veces quedaba insatisfecha, me masturbaba, mientras él se dormía."

ToTTó: " Entonces no hicieron el amor. Sólo tuvieron sexo. ¿Qué piensan las demás que tuvieron orgasmos?"

========

Las otras tres contestaron:
========
Elba: "Soy Elba. Nunca tuve orgasmos con un hombre. Sólo tengo orgasmos masturbándome. Con hombres no es necesario. Es más fácil hacerles creer, que tengo grandes orgasmos. "
Lina: "Soy Lina. Lo mismo que Elba no tuve orgasmos con un hombre. Me masturbo rara vez, con vibradores, es la única manera. Son muy fuertes, acá abajo. Nada más."
María José: "Me llamo María José. Igual que Lina, pero son rápidos. No quedo satisfecha. A veces, tengo que repetirlos."
ToTTó: "¿Alguien más quiero opinar?"
Virginia: "¿Como son esos orgasmos que ellas han sentido?"
ToTTó: "Son orgasmos sexuales. El dedo o del vibrador estimulan el clítoris, que produce el orgasmo sexual. La vagina recibe la estimulación y empieza empujar, estrujar los músculos de los labios, con pequeños movimientos, que se parecen a la eyaculación del hombre. El clítoris es en realidad una especie de pene, parecido al órgano sexual masculino. Son orgasmos sexuales parecidos del hombre cuando eyacula el semen. No son 'Orgasmo Amoroso-Sexuales', porque no se producen por amor."
Elva: "Interesante lo que dices. No me lo habían explicado antes. Entonces el orgasmo amoroso es diferente del orgasmo sexual."
Lina: "¿Quieres decir que un 'Orgasmo Amoroso-Sexual', sólo se produce cuando amamos a un hombre y el también no ama?"
ToTTó: "Un orgasmo de amor se produce cuando hay amor y ambos están enamorados. Cuando una mujer ama a un hombre y él también la ama; cuando dos mujeres se aman y cuando dos hombres de aman."
Elva: "¿Crees que un 'Orgasmo Amoroso-Sexual' se produce entre mujeres? ¿Tiene experiencia en eso?"
ToTTó: "Si, tengo. Tenía una amiga lesbiana que amaba a otra mujer. Las dos se amaban, vi como ellas tenían orgasmos amoroso-sexuales. Lamentablemente las dos murieron en un accidente de auto. Me dio mucha pena. No tengo experiencia cuando se trata de dos hombres, presiento que es lo mismo."
Virginia: "¡Qué lástima! Ellas se han debido amar verdaderamente. Nosotros que las criticamos, cuando lo único que sabemos es como hacer sentir a hombres que son buenos amantes, muy machos, haciendo creer que tenemos orgasmos."

Antonio de Pórcel Flores Jaimes Freyre

Sofía: "Es la sociedad en que vivimos."
Lina: "Entonces no vale la pena tener orgasmos sexuales."
ToTTó "Son necesarios. Así como los hombres necesitan eyacular, cuando están excitados sexualmente, las mujeres también necesitan sentir esa satisfacción puramente sexual."
María José: "No entiendo lo que quieres decir. Primero dijiste que era un orgasmo puramente sexual y no de amor. Ahora dices que los orgasmos sexuales son necesarios. ¿Cómo es eso?"
ToTTó "Es natural que las personas sientan una excitación sexual. Esa es una necesidad biológica que tiene que ser satisfecha de alguna manera, ya sea masturbándose o teniendo una relación puramente sexual."
María José: "Entonces no es necesario amar, es suficiente con satisfacer la excitación sexual como sea. ¿Por qué se necesita amar para tener un 'Orgasmo Amoroso-Sexual'?"
ToTTó: "El Amor no es una necesidad uno no tiene la necesidad de enamorarse. Es más, uno se enamora casi sin darse cuenta, sucede de repente. Uno no escoge de quien se va enamorar. Los amantes hacen el amor sin necesidad de tener sexo."
Lina: "Tienes razón. A mi ha pasado eso. Me he enamorado de un hombre mayor, él me quería mucho. Fuimos felices sin tener sexo, el no podía hacerlo. A él no le importaba lo que yo hago. Me dio mucha pena cuando él se murió. Hasta ahora lo extraño. Fueron días felices los que pasé con él."
María José: "Lo siento de veras. Me alegro que que fue así. Hubiera querido tener esa experiencia."
Elba: "No entiendo bien cual es la diferencia entre tener sexo y hacer el amor. ¿Qué es el orgasmo amoroso-sexual?"
ToTTó: "Para saber que es el orgasmo amoroso-sexual tienes que sentirlo, no hay otra manera. Quieren que explique cuantas clases de orgasmos hay?"
=========
Todas dijeron que si. Les pedí que tengan paciencia porque la explicación no iba a ser corta.
=========
Clases de Orgasmos.
ToTTó: "Hay tres clases de orgasmos:
El Orgasmo Puramente Sexual; el Orgasmo Amoroso y el Orgasmo Amoroso-sexual."

Victoria: "¿Puedes explicar cuales son las diferencias?"
ToTTó: "Trataré de hacerlo. El orgasmo puramente sexual es un placer corporal, una descarga de lívido, de semen en el hombre y de jugos sexuales en la mujer. Esa descarga produce la estimulación de los músculos del pene y de la vagina. El Orgasmo Puramente Sexual es una necesidad bilógica, que nace de la necesidad de mantener la especie humana, de concebir. "
Lina: "¿Si el hombre ve una mujer bonita, con falda corta, se excita sexualmente, esa es una necesidad?"
ToTTó: "Si es una necesidad sexual. Es la misma necesidad que tienen los animales. Cuando la hembra está dispuesta, el macho huele que la hembra está dispuesta, siente la necesidad de tener sexo con ella. La necesidad sexual es necesaria para mantener la especie."
Elba: "Ahora lo entiendo. El hombre ve una mujer y siente la necesidad sexual de cogerla, la coge, eyacula el semen y se satisface. ¿Porque la mujer no se satisface?"
Lina: "Elba tiene razón. ¿Porqué el hombre se satisface fácilmente haciendo sexo con cualquier mujer y la mujer queda insatisfecha?"
María José: "¿Crees que sólo el macho tienes satisfacción sexual?"
ToTTó: "Es probable que la hembra tenga satisfacción sexual. Después del acto sexual, la hembra ya no está dispuesta."
Elba: "Creo que la hembra se satisface. Tiene sexo con muchos machos, mientras esta dispuesta. La Mujer sólo tiene sexo con un hombre. El hombre termina antes que la mujer."
ToTTó: "Físicamente, es muy difícil que la mujer tenga una satisfacción puramente sexual. Para tener un orgasmo sexual, la mujer necesita la estimulación del clítoris. Durante el acto sexual, la penetración del pene no toca, no estimula el clítoris. Por eso la mujer necesita que el hombre sepa como estimular el clítoris antes de penetrala, hasta que la mujer este lista sexualmente."

========
Dos levantaron los brazos.

Antonio de Pórcel Flores Jaimes Freyre

========

Rita: "Soy Rita. Estoy fascinada con tus explicaciones y muy curiosa. Dices que no es suficiente que el hombre penetre a la mujer. ¿El hombre tiene que hacer sexo oral primero, antes de penetrala?"

========

Soy Estela: "Si, creo que es verdad lo dice ToTTó. Una vez me pasó eso, hicimos sexo oral. No llegué a tener un orgasmo. Estaba muy excitada, no puede contenerme y me oriné. A él no le gustó, se enojó conmigo, dijo que era una cochina, que era mi culpa. Ya no hago sexo oral por eso."

========

ToTTó: "El hombre debe aprender a hacer sexo oral, penetrala cuando la mujer está lista para tener su orgasmo. No debe penetrarla antes."
Adela: "¿Cómo sabe el hombre cuando la mujer esta lista?"
ToTTó: "Es difícil adivinar cuando ella está lista. Pero no es necesario adivinar. Antes de tener sexo, es mejor pedir a la mujer que diga, o muestre. cuando ella siente que está lista, para penetrala."
Mari José: "Ja. Ja. Ja. Te las sabes todas. ¿No se sorprenden? ¿Como les pides?"

========

Todas se rieron.

========

Elba: "Si, di como les pides?"
Virginia: "No es necesario que les diga como pide. Lo aprenderán a su debido tiempo. Tengan paciencia. ToTTó es mejor sigues explicando eso de los orgasmos."
Sofía: "Si, Virginia tiene razón. Entendí lo del orgasmo puramente sexual. Ahora dinos que es el orgasmo amoroso."

========

El "Orgasmo Amoroso"

========

ToTTó: "El orgasmo amoroso es un placer psicológico que se produce cuando los enamorados, muestran que se aman íntimamente con sinceridad."

Colección de Anécdotas Amoroso Sexuales Anécdotas: 46 -53

ToTTó: "Es una descarga emotiva, amorosa que hace feliz a los amantes. Hacemos el amor cuando: tomados de las manos caminamos y nos olvidándonos del mundo; cuando nos besamos apasionadamente; cuando somos felices estando con la persona amada; cuando sentimos que la persona amada es feliz; cuando acariciamos el cabello de la amada, besamos delicadamente sus ojos; reímos y lloramos con ella. Es decir, cuando demostramos que la queremos y sentimos que ella nos quiere. Es fácil entregarnos abiertamente y enteramente a la persona amada, sin condiciones y sin esperar nada de vuelta. Es la satisfacción casi espiritual, de sentir que uno es parte del otro. El Orgasmo Amoroso es una comunión de amor. No es necesario tener sexo para sentir orgasmos de amor."

Victoria: "¡Qué lindo como lo explicas!"

María José: "Nunca pensé que hacía el amor de esa manera. Tienes razón. Hacer el amor y tener sexo para satisfacer una necesidad corporal, son dos cosas diferentes."

Elba: "¿Qué es el orgasmo amoroso-sexual?"

Estela: "Si queremos que lo expliques."

ToTTó: "Esta velada se está poniendo bastante larga."

Victoria: "Tu tranquilo, que no hemos empezado todavía. Explica lo que te piden, por favor."

ToTTó: "El Orgasmo Amoroso-Sexual" es el placer psicológico-corporal que produce la combinación del Orgasmo Puramente sexual y del Orgasmo de Amor. Para sentir un orgasmo amoroso-sexual, los amantes tienen que sentir el amor, primero en la mente y después en su cuerpo."

Elba: "¿Cómo se produce eso? Me parece imposible. ¿Es sólo una teoría?"

ToTTó: "No es una teoría. Es casi imposible entenderlo racionalmente. Para saber que es, tienes que sentirlo, vivirlo. No hay otra manera. La persona enamorada, haciendo el amor, siente una excitación sexual; esa excitación sexual es producto de la unión amorosa, no es una necesidad biológica."

Sonia: "Me llamo Sonia. Creo que entiendo lo que quieres decir. Yo he estado enamorada y he sido feliz sin necesidad estando sola, de tener sexo."

Antonio de Pórcel Flores Jaimes Freyre

ToTTó: "Sonia: ¿Puedes describir que pensabas o soñabas cuando estabas enamorada y tu amante no estaba contigo?"
Sonia: "El viajaba a menudo. Yo lo esperaba soñando que él estaba conmigo. Que volvía contento, con un ramo de flores, me abrazaba, me besaba. Yo lo besaba y lo acariciaba. Poco a poco nos quitábamos la ropa. Hacíamos el amor, muchas veces sin tener sexo, durmiendo juntos, abrazados. Conversamos abiertamente de todo, no teníamos secretos. Nos amábamos."
ToTTó: "¿Eso soñabas cuando estabas sola? ¿Pasaba toso eso cuando él volvía y tenían sexo?"
Sonia: "Era un sueño de despierta nada mas. Cuando el volvía, me besaba como de costumbre, estaba contento de verme. Algunas veces me traía un regalito. Yo quería hacer el amor primero, pero él sólo quería tener sexo. "
ToTTó: "Cuando así soñabas, hacías el amor en tu mente y tenías orgasmos de amor, aunque sólo era un sueño. Si todo lo que soñabas hubiera pasado cuando él volvía, entonces hubieras podido tenido orgasmos Amoroso-Sexuales. Si él también hubiera hecho el amor contigo, antes de tener sexo, el sueño que estaba en tu mente, se hacía realidad sexualmente. Haciendo el Amor produce la excitación sexual. Para sentir y vivir un Orgasmo Amoroso-sexual, es necesario hacer el amor primero. La unión sexual amorosa nace del amor. Si no hay unión amorosa, no puede haber un orgasmo amoroso-sexual."
Elba: "¡Qué interesante" Yo también he soñado despierta muchas veces y he terminado sintiendo un deseo sexual. Me he excitado sexualmente sólo con soñar que me amaban. Varias veces he terminado masturbándome."
Victoria: "Creo que todas hemos soñado así. Pero son sueños, nada mas."
ToTTó: "Cuando esos sueños se vuelven realidades, se produce el orgasmo amoroso-sexual, el placer psicológico produce la estimulación sexual, los amantes se entregan uno a la otra alma y cuerpo, es una común-unión amorosa sexual mágica."
Virginia: "¿Cómo ese amor se convierte en excitación sexual?"
Melinda: "Si queremos que nos expliques. Parece que es imposible le que la mente controle la excitación sexual."
Soraya: "No es imposible. Cuando sueño despierta con la persona amo, me éxito sexualmente."

194

ToTTó: "El 'Orgasmo Amoroso-Sexual', empieza y produce una excitación sexual amorosa, primero en la mente de la mujer. Ella se siente preferida, amada con una reina, siente y sabe que ella es especial. Es entonces es que, su cuerpo y su alma vibran de amor. Ese vibrar amoroso, produce la excitación sexual. Los labios de la vagina se van dilatando, la vagina empieza ha producir el jugo sexual. Poco a poco, la estimulación sexual se va trasmitiendo clítoris."

Sofía: "Quieres decir que la mente produce la estimulación sexual?"

ToTTó: "La mente estimula los órganos sexuales: En el hombre se endurece el pene, listo para entrar en la vagina. En la mujer produce los jugos sexuales, los músculos de la vagina se van ensanchando poco a poco, preparando la penetración del pene."

María José: "El hombre esta listo rápidamente, la mujer no. ¿Porque es eso?

ToTTó: "Porque el hombre reacciona físicamente y la mujer reacciona, primero mentalmente. Al hombre no le han enseñado que tiene que esperar, que tiene que hacer el amor primero."

Lina: "Si es el amor que produce un orgasmo sexual, ¿Cómo siente la mujer su 'Orgasmo Amoroso-Sexual'?"

ToTTó: "Cuando ambos hacen el amor, llega un momento que la mujer ya no se puede controlar la excitación amorosa. Entonces siente, un torbellino de amor casi divino. Su vagina reacciona preparándose para la penetración del hombre en el acto sexual. Su 'Orgasmo Amoroso-Sexual" termina con las contracciones de la vagina y de la matriz. La mujer siente un amor sexual."

Elba: "Parece que la mujer siempre queda insatisfecha amorosa y sexualmente, porque el hombre sólo quiere tener sexo, no quiere hacer el amor."

ToTTó: "Orgasmo Amoroso-Sexual es la combinación del 'Orgasmo de Amor' y del 'Orgasmo Sexual'. Es decir que la mujer se vacía sexualmente en el amor."

Antonio de Pórcel Flores Jaimes Freyre

María José: "Entonces, si no hay amor, no puede haber un 'Orgasmo Amoroso-Sexual'. ¿Cómo es que el amor produce una estimulación sexual en la mujer que se siente amada?"
ToTTó: "La única forma de tratar de explicar este misterio, es pensar que el orgasmo de amor, responde a la necesidad maternal, que está viva, presente en el inconsciente de la mujer. La necesidad de ser madre, de mantener la especie humana."
Sofía: "¿Por qué piensas que el 'Orgasmo Amoroso-Sexual' responde a la necesidad de la mujer de ser madre?"
ToTTó: "Porque he oído muchas veces decir, a mis hermanas y a otras mujeres: 'Estoy feliz de llevar en mis adentros a tu hijo'. Creo que no existe una felicidad mayor, para la mujer, después del dolor del parto, que acariciar a su criatura en brazos."
Virginia: "Nos vas a hacer llorar. Estoy muy emocionada. Yo perdí a mi criatura y ya no puedo concebir. Ya no puedo ser madre."
========
Hubo un momento de silencio. Sofía y Lina se acercaron a Virginia y la abrazaron cariñosamente. Todas trataron de consolarla. Fue un momento de alta tensión, que no nos esperábamos.
María José volvió a animar la velada. Tomó una copa de vino, diciendo
========
María José: "Brindemos todas por el 'Orgasmo Amoroso-Sexual'. "
========
Todas brindaron, algunas con vino y otras con sus refrescos, brindé con mi vaso de agua. Pensé que la velada había llegado a su fin, pero estaba equivocado. Calmados los ánimos, Sofía, anunció:
=======
Sofía: "Ha llegado el momento que Antonio demuestre prácticamente que es lo que el hombre debe hacer, para que una mujer tenga un orgasmo puramente sexual y quede satisfecha sexualmente. No será un 'Orgasmo Amoroso-Sexual', pero será un orgasmo sexual necesario. ¿Que opinan?"

Colección de Anécdotas Amoroso Sexuales Anécdotas: 46 -53

ToTTó: "Un momento. ¿Qué es lo que se proponen? ¿Quieren usarme con un objeto sexual?
Lina: "Si. Eso precisamente es lo queremos. Estamos cansadas que nos usen como objetos sexuales, aunque nos paguen. Tenemos el derecho a sentir un verdadero orgasmo, aunque sea solamente sexual. Tu eres el experto en eso, demuéstralo."
Sofía: "Soy la primera voluntaria. Antonio: ¿Que tengo que hacer?"
ToTTó: "¿En verdad quieren que lo demuestre prácticamente, o que lo explique?"
Virginia: "Ya lo haz explicado bastante. Quieren que lo demuestres prácticamente. Estamos muy curiosas. Desde la fiesta, hemos estado hablado de eso. Se que puedes hacerlo. Hoy lo haces con una de ellas. En otra ocasiones lo haces con las demás, todas me lo han pedido y están ansiosas. Se que tu puedes hacerlo."
ToTTó: "Haré lo posible. ¿Dónde hago la demostración?"
Victoria: "Mi dormitorio. Ellas lo han preparado."
ToTTó: "Lo tenían todo planeado. Ya las voy conociendo."
Lina: "Y nosotros a ti. Ja. Ja. Ja. Te llegó la hora."
Sofía: "Esto no es amor, es sexo puro, ya lo comprobaremos."
María José: "Es como lo que hacemos con los hombres, ahora ya probaremos como siente una contigo."
========
Pasamos al dormitorio que era bastante grande. La cama preparada. Una sábana limpia, dos almudadas. Todas al rededor.
========
ToTTó: "¿Donde está el baño?"
========
Virginia, me llevó al baño. En la puerta, me dijo:
========
Virginia: "Si no quieres hacerlo, no estás obligado. Creo que es culpa mía, por habladora, pero no pude controlarme. "
ToTTó: "La verdad es que no esperaba esto. Quiero hacerlo. No las puedo dejar con la curiosidad."
Virginia: "Sé que puedes hacerlas sentir mujeres, como me ha hecho sentir a mi. No estoy celosa. Todo lo contrario, estoy feliz viendo y conociendo como realmente son. Las otras no te hablan, porque tienen un poco de vergüenza. Ya las irás conociendo. Discúlpame si crees que he hecho algo malo."

Antonio de Pórcel Flores Jaimes Freyre

ToTTó: "Haz hecho nada malo. Lo estás haciendo muy bien. Es fácil para mi estar con ellas. Las trataré, suavemente, con cariño, como se merecen, sin ofenderlas, respetándolas, sin lastimarlas. Gracias a ti, por darme la oportunidad de conocerlas. Yo también estoy enamorado de ti, te quiero mucho."
========
Nos besamos apasionadamente por un rato. En el baño, me quité el saco, el pantalón, la camisa, la camiseta, los zapatos y las medias, quedando en calzoncillos, listo para la demostración. Antes de salir, abrí un pequeño tocador y agarré un frasco pequeño de aceite.

Cuando entré en el dormitorio, todas me miraron curiosas. Sofía estaba desnuda, en la cama, sonriendo. Las otras observando de cerca. Me acerqué a la cama, traía en la mano el frasco.
========
Sofía: "Estoy lista. ¿Te gustó? ¿Qué traes en la mano?"
ToTTó: "Me gustas mucho, eres hermosa y muy sensual.
Te das la vuelta por favor, voy a darte un masaje, te va a gustar."
=========
Sofía, un poco sorprendida me hizo caso. Me hinque a su lado. Me froté las manos con un poco de aceite. Empecé acariciando suavemente su cuello, descendiendo poco a poco, por su espalda hasta llegar a sus glúteos, volviendo a subir a su cuello varias veces, cadenciosamente, con mayor sensualidad.

A medida que hacía el masaje, me quedaba más tiempo en sus glúteos, bajando a sus muslos, separando poco a poco, sus piernas. Acariciando sus piernas. Subiendo. poco a poco, hasta sus glúteos, empecé a jugar con ellos, cerrándolos y abriéndolos delicadamente. Con mis manos entre sus muslos, haciendo firuletes, empecé a excitarla sexualmente.

El olorcito que producen los jugos sexuales no tardó en hacerse sentir. Ese olorcito lo producen los músculos de su vagina al ensancharse. Su excitación sexual era producida por la estimulación del masaje. Ella estaba a punto, casi lista para sentir su porgasmo.

Colección de Anécdotas Amoroso Sexuales Anécdotas: 46 -53

Era hora de empezar a excitarla, haciendo suaves caricias al rededor de su vagina, una y otra vez, teniendo cuidado de no tocar los labios menores ni el clítoris, para que la excitación sea lenta y vaya adquiriendo más fuerza. Aumentaron los olores sexuales.

A medida que su deseo sexual se incrementaba, empezó a moverse sexualmente, movimientos sexuales involuntarios. Miré al rededor, todas estaban atentas, observando. Algunas se acercaron un poco más a la cama. Sonreí, ellas sonrieron complacidas.

Seguí con los juegos al rededor de su vagina, acariciando suavemente, los labios mayores, y. poco a poco, acariciando los labios menores. Fui aumentando, rítmicamente, la intensidad y la velocidad del movimiento, haciendo vibrar los labios menores, cerrando y abriendo delicadamente, su vagina con los labios mayores

Su vagina estaba completamente mojada. Era tiempo de estimular el clítoris, si quería acelerar su orgasmo. Pero tenía que aminorar la excitación, para que su orgasmo sea mas lento, más intenso y dure mas tiempo. Tenía que darle un poco mas de tiempo, disminuyendo su excitación sexual.

Al oído, cuchicheando amorosamente le dije:
========
ToTTó: "¿Amor, que linda eres, te amo. Date la vuelta, por favor."
========
Me miro sonriendo, una mirada perdida, como si no estuviera presente. La ayude a darse la vuelta, echada de espaldas. Su excitación sexual disminuyo, como yo lo esperaba.

Excitándola amorosamente, seguí con un masaje suave y erótico, acariciando sus cabellos, su frente, chupando suavemente sus orejas, besando suavemente sus labios

Sonriendo, con sus ojos cerrados, movió su cuerpo coquetamente, aceptando las sensaciones y mis caricias Le dije cuchicheando:

Antonio de Pórcel Flores Jaimes Freyre

========

ToTTó: "Amor, me estoy enamorando de ti. Qué bella, que hermosa eres. Te amo."

========

Abrió los ojos, con una mirada perdida, como si estuviera soñando.

Seguí con un masaje suave y erótico.

Empecé a masajear su cuello, bajando, poco a poco a sus hombros, resbalando hacia sus senos. Acaricié, uno por uno sus senos suavemente. Juguetonamente, empecé a besar sus pezones, se pusieron duros.

Varias veces, mis manos acariciaban suavemente su estomago, haciendo firuletes en su ombligo, bajando hasta su pelvis y volviendo a subir a sus senos. Respondió con un largo suspiro, moviendo sexualmente su cuerpo.

La ayudé a doblar sus rodillas, sus pies pisando la mesa, piernas juntas, cerradas. Seguí masajeando sus muslos. Ella fue abriendo, poco a poco, sus piernas. Continúe el masaje, acariciando sus músculos, bajando hasta sus pantorrillas, subiendo despacio por la parte de atrás de sus piernas, bajando despacio hasta sus glúteos y luego acariciando suavemente su vagina. Ella poco a poco fue abriendo mas sus piernas.

Estaba lista para para que mis labios jueguen con su vagina. Era momento de besar y chupar suavemente, los labios de su vagina. Puse mi cabeza entre sus piernas y empecé a jugar con los labios mayores, sin tocar lo labios menores ni el clítoris. Todas estas caricias muy lentas, al principio, aumentando la presión y la velocidad paulatinamente, respondiendo a sus movimientos sensuales de su pelvis y de sus caderas imitando hacer el amor. Tratando de adivinar, de intuir su estado de excitación sexual. Poco a poco, su respiración fue cambiando, más y más relajada, preparándola para su clímax.

Los movimientos sexuales de su cuerpo iban en aumento. Sin ver, adivinada que sus labios temblaban, abría y cerraba la boca y los ojos, moviendo su cabeza de un lado para el otro. Sentía que su cuerpo temblaba y ella trataba de inclinarse hacia mi.

Después de un momento sentí que ella ya no podía controlar su orgasmo. Mi lengua jugando con su clítoris, variando la intensidad y la velocidad del movimiento.

Llegó su orgasmo, con movimientos impetuosos, casi gritando, hasta que, en su furor, con sus dos manos empujó mi cabeza contra su vagina, con tal fuerza, que casi perdí la respiración. Eso era normal, estaba preparado, respirando por un lado de la boca. Cuando soltó mi cabeza, con la palma de mi mano, hice presión en su vagina para que se vaya calmando.

Cuando estaba mas calmada y relajada, le dije a su oído:
========
"Amor que linda eres y que feliz me haces. ¿Te gustó tu orgasmo?"
========
Muy contenta se quedo quieta por un momento. Luego se sentó, me miro coquetamente, me beso en los labios, un beso largo y dijo:
========
Sofia: " Que lindo. Primera vez que tengo un orgasmo. Ahora estoy rendida. Gracias mi amor, desde ahora eres mi amor, yo también te quiero. Creo que me enamorado de ti. Este ha sido un orgasmo amoroso-sexual. Ahora se como se siente una, ya no tienes que explicármelo. Nunca podre olvidar este día."
========
Se acercaron a ella, la abrazaron.
Estaba totalmente despeinado, oliendo a sexo, eso no les importó. Virginia me dijo:
========
Virginia: "Veo que estás cansado. Lina quiere ser la segunda. ¿Cuándo puedes complacerla?"
ToTTó: "Lina se merece un masaje como el de Sofia. Cuando ella quiera, lo hacemos.

Antonio de Pórcel Flores Jaimes Freyre

Lina: "Gracias ToTTó. El sábado en la noche, si quieres y puedes, duermes conmigo. Ya hable con Virginia. Te esperamos aquí."
ToTTó: "Si, quiero. Gracias a ti bella mujer, será un placer."
=========
Las demás me hicieron prometer que lo haría con cada una de ellas. Se repitió la velada varias veces, en el departamento de Virginia. Así fue que llegué a conocer a todas estas maravillosas mujeres: Mis Amigas de la Cafetería. Mujeres hermosas, inteligentes, humildes, sencillas y cariñosas, que he tenido la suerte de conocer y de amar.

No he podido olvidarlas. Su presencia me ha acompañado y me sigue acompañando, especialmente en este momento, cuando escribo, acordándome de cada una de ellas, volviendo a gozar su felicidad.

El amor verdadero, la verdadera amistad, la entrega del Ego sin condiciones. Un amor y una amistad que acaban nunca, viven en mi memoria, en el más allá del tiempo y del espacio.

Puedo afirmar que he tenido una maravillosa monogamia con cada una de ellas, porque la verdadera monogamia es del momento, cuando se hace el amor. Es la unión de dos almas y dos cuerpos en el presente, no en el futuro.

Fin de la Anécdota

> > > > > > * * * * * < < < < < <

*El amor verdadero,
la verdadera amistad,
la entrega del Ego sin condiciones.*

*Un amor y una amistad
que acaban nunca,
viven en mi memoria,
en el más allá*

del tiempo y del espacio.

Antonio de Pórcel Flores Jaimes Freyre

*Mis Amigas
de la Cafetería.*

*Mujeres hermosas,
inteligentes, humildes,
sencillas y cariñosas,*

*que he tenido la suerte
de conocer y de amar.*

Colección de Anécdotas Amoroso Sexuales Anécdotas: 46 -53
Apéndice G
Cartas de Amor a un Bohemio

Eulalia

Bobby

Sor Ana

Virginia

Wolga

Celia

Marijó

Ivet

Agustina

Rebeca

Rosi

Mari L

Rosa

Lurdes

Sor Ana

Antonio de Pórcel Flores Jaimes Freyre

"Te amo cuando

hago el amor contigo.

Recordaré ese sublime
momento amoroso
toda mi vida"

Pero mañana,
ese acto de amar,
de haber hecho el amor contigo,

será un hermoso:

"Recuerdo."

Pero te seguiré amando

Carta de Eulalia

Para Antonio a quien amé . . .
Yo era una solterona sin amor, profesora de piano, cuando Antonio, ya de joven, me enseño a Amar.
Mi Antonio, (como lo llamaba su mamá, mi querida amiga) me lo entregó cuando Antonio era un niño todavía. Ella quería que yo lo vuelva un pianista virtuoso. No pude lograrlo, pero eso no es importante.
Yo era un vieja, solterona, beata, que no sabía de la vida, ni del amor. Criada en un hogar muy circunspecto y religioso. Estudie piano desde pequeña.
Una vez, cuando joven, creí estar enamorada de uno de mis compañeros, pero eso no importa, porque él se fue con otra. Al principio quedé adolorida, pero, con el tiempo, se me pasó. Cosas de adolescentes.
De una manera muy sutil, que duró muchos años, Antonio me enseño a jugar con él. Todo empezó en una de las clases de piano, cuando él era todavía, un joven travieso y juguetón.
Cuando Antonio no leía la música y tocaba el piano al oído, yo le pegaba en el dedo con mi lápiz. El sonriendo, me miraba y seguía tocando. Muchas veces, ese su desplante me enojaba. Pensaba: se estaba burlando de mi.
Pasaron varios años, Antonio ya no era ese niño travieso que se reía de mi. Era un joven, muy respetuoso y delicado. Cuando recibía el golpe de mi lápiz, con un gesto chistoso, se besaba el dedo y seguía tocando al oído.
Un día, en vez de besar su dedo, tomó mi mano, me quitó el lápiz y beso, uno por uno, mis cinco dedos.
Sorprendida, al principio no supe como reaccionar. Me paré y lo miré furiosa, mientras él sonreía feliz.
Cada vez que yo usaba mi lápiz el me besaba los dedos. Hasta que un día, fue mi sorpresa. En vez de besarme los dedos, me besó en la boca.
Increíble, hasta ese día nadie me había besado en la boca. No supe como reaccionar. El siguió, impávido, besándome muchas veces.
Se volvió un juego. Poco a poco nos olvidamos de la lección de piano. Antonio me enseño a bailar los boleros románticos que él tocaba en el piano y yo cantaba.

Antonio de Pórcel Flores Jaimes Freyre

Así empezó nuestro idilio. Me enamoré de él, pero él no lo sabe. Es un amor imposible, pero cierto. Es mi secreto. Esta carta es sólo para mi. Si algún día él la lee, Dios no lo quiera, me moriré de amor.
Él fue mi único amor.
Tu querida alumna en el Amor. Eulalia.

Carta de Bobby

Querido Antonio
Te prometí volver, te pido que me perdones. Lamentablemente, no puedo cumplir con mi promesa. He decidido quedarme. No tanto por que mi mamá me necesita, si por mi misma.
He comprendido que es imposible que podamos vivir nuevamente, lo que ya hemos vivido. Los bellos recuerdos me asaltan diariamente. Nunca pensé que iba a pasar "Mi Luna de Miel" en California, contigo.
Sé que la Luna de Miel es una y no se puede repetir.
También sé (eso lo he aprendido de ti y contigo) que para ser feliz una tiene que estar y sentirse libre. Te devuelvo tu libertad. No lo hago por ti, porque sé que tu eres libre y no necesitas que yo te de tu libertad. Lo hago por mi, para mi misma. Me estoy dando libertad a mi misma, al romper mi promesa.
Trataré se seguir siendo, como fui contigo en California, un espíritu libre, que mira y acepta al mundo en forma positiva, venga lo que venga.
Gracias a ti, participe en esos seminarios en Esalen que me sirvieron y me sirven mucho. He dejado el teatro. Ahora estoy ayudando a varias personas con técnicas de hipno-terapia. Te reirás de mi. Tu con tu doctorado en Psicología. Pero aprendí en Esalen como hacerlo y me está yendo muy bien.
Esta carta es mi despedida, la escribí con todo el amor que siento por ti.

Tu Bobby para siempre . . .

Carta de Sor Ana

Fui a la enfermería. Ahí encontré una carta que había dejado, para mi, la Hermana, Sor Ana.
La Carta decía:
========
Don Antonio:
Me hubiera gustado despedirme de usted, de una manera más personal.
Me mandaron al aeropuerto con una carta del Padre Superior acerca del peligro de las vacunas.
Ojala Dios quiera que nos volvamos a ver.
Cuando termine el concilio, volveré al hospital en Chile.
Deseo que se encuentre completamente restablecido y que le vaya bien en Madrid.
Sé que lo extrañaré.
Dios lo bendiga.
Sor Ana.

Carta de Virginia

A mi amado ToTTó:
El mago de las manos mágicas, el hombre de mis sueños, el amante que me ha enseñado a amar.
Te llevo en mi corazón para siempre. En ese rinconcito privado, donde guardo nuestro amor.
No me busques, por favor. Quiero guardarte en mis sueños de despierta, en mis noches de recuerdos queridos. Nuestro amor temporal es duradero.
Sé que si nos volvemos a encontrar será distinto. Tengo miedo. Prefiero quedarme contigo, como eras cuando hacíamos el amor de maravilla. Creo que eso sucede una sola vez en la vida. Ya nos ha sucedido, eso me es bastante. No le pido más a la vida.
Cuando leas esas líneas, piensa y siente que soy feliz, como tu me lo enseñaste. Léelas con una sonrisa, de las tuyas, que tanta alegría me han dado. Ciérrala con un beso. No la guardes.
Virginia, tu doncella
P.S. Todas te recuerdan con cariño y te mandan saludos.
Estamos bien, gracias a ti.

Antonio de Pórcel Flores Jaimes Freyre

Carta de Wolga

Antonio, mi Amor.
Cuando nos conocimos, creí era una casualidad. ¡Qué poco sabía entonces, de la vida y del amor! No sabía que iba en busca de tu destino, de nuestro destino, que mi felicidad me estaba esperando en tu corazón, para sanar el mío.
Poco a poco te fui amando, como te amo ahora y lo haré siempre. Viviré feliz caminando las huelas de nuestro amar. Ya no me importa lo que nos pase. Vivimos juntos hermosos momentos, tan bellos y profundos que me bastan para toda mi vida.
Me hiciste sentir esos apasionados orgasmos de amor, que no conocía. Esa magia de hacer el amor, por y con el amor mismo.
¡Cómo me hubiera gustado poder engendrar un hijo nuestro!
Pero eso me negó el destino. Quizás lo podremos nacer, en ese mundo espiritual, del que tu me hablaste.
No te puedes ir de mi. Te llevo conmigo. Soy feliz pensándote.
Tu Princesa. Tu Wolga.

Carta de Celia

Antonio: ¿Sabes que te amo?
A mi travieso, a mi amoroso payaso, a mi inolvidable amante. Amo tus maneras de ser, tus travesuras. Amo a las mujeres que amas y te aman. Amo tu mundo: 'Nuestro 'Mundo'.
Donde tu estés, allá estoy contigo. No lo dudes.
Soy tan tonta. Mi mejor y hermosa tontera, es nuestro amor, indeleble en el tiempo, inespacial en el espacio. Nuestro amar no conoce el cuándo, ni el dónde. Vive dentro de mi y dentro de ti. Es la comunión de tu alma con la mía, es la bendita unión de mi cuerpo con el tuyo, es sagrada para mi, como lo es para ti.
Nuestro amor es tan pegajoso, que no puedo desprenderlo de mi corazón. Me enseñaste que no soy tuya y que no eres mío. Que somos libres de amarnos sin limitaciones, con un amor de verdad, nacido de la sinceridad, lo profundo de la espiritualidad humana.
Me haz enseñado que primero es el amar y después es esa unión amorosa sexual, algo que no conocía. Cuando tratabas de explícamela, me parecía sólo una hermosa ilusión, hasta que la probé gozando de éxtasis de ese orgasmo amoroso, sintiéndote vivo en mis entrañas.

Colección de Anécdotas Amoroso Sexuales Anécdotas: 46 -53

Me acurrucaré solitaria entre mis sábanas, soñándome contigo, mi mente ocupada, recordando nuestras noches de amor apasionado, indescriptible, nuestros días de amistad insuperables, llenos de caridad, de bondad, de dulzura y alegrías.

Más allá de lo material, en el infinito del mundo espiritual, que a ti tanto te gusta, te seguiré amando y sé que tú me seguirás amando. Seremos un solo espíritu, hermosa mezcla de nuestras esencias.

Me quedo contigo, sin límites . . .Tu Celia.

Carta de Marijó

A mi amado Antonio.
No tengo palabras para agradecer lo que me haz dado. Tu cariño inmenso ha curado todas mis llagas. Durante el viaje me he enamorado de ti. Me haz enseñado como hacer el amor. Como ser buena amiga, como ser feliz conmigo misma y con lo que soy.
Me haz enseñado que la amistad es amor y que el amor es amistad.
Me haz enseñado que sexo en si, es bueno, pero el sexo amoroso es el verdadero amar.
Me quedo con tu amor, tú no te vas, nunca te irás, porque vives en mi corazón y yo vivo en el tuyo, eso me hace inmensamente feliz.
Quizás volveremos a amarnos. Dios así lo quiera. Sé que no será igual nuestro próximo encuentro. Feliz viviré con Eloise, es más lindo recordarte con ella, compartir nuestras experiencias.
No debo pedirte esto porque tú lo harás naturalmente. Pero no puedo callarme. Sigue vertiendo tu amor en Wolga y en Celia. Son mis queridas amigas. Quiérelas como a mi me quieres.
Te ama tú 'bella niña'. . .
Como me llamabas cuando hacíamos el amor.
Tu Marijó.
Wolga, Celia y Eloise han leído esta mi simple carta.

Antonio de Pórcel Flores Jaimes Freyre

Carta de Ivet

Antonio

Soy tu hormiguita.

Te conocí en un instante, fue el que cambió mi vida.

Después de tu conferencia. ¿Te acuerdas? Me llevaste al río. Sentados es ese banco, que he visitado sola tantas veces, me dijiste que era una mujer maravillosa y te creí.

Sentí ganas de abrazarte de besarte y amarrarte a mi, para que no te vayas, pero te fuiste. Si, te fuiste sin darme un beso de despedida. Pero me dejaste tu aroma y tus bellas palabras.

Era una simple profesora, mal casada, dominada por el hombre que me ultrajaba. Tu eso no lo sabías.

Me animaste a ser como quería que ser, dueña de mi misma. Me forzaste a tomar mis propias decisiones. Me aseguraste que podía triunfar en la vida, seguir mis estudios y llegar a ser una Doctora como tu. En esos instantes, yo, una triste profesora, me vi vestida, en fila, recibiendo mi diploma de doctorado.

Fue tu desafió que me empujo al abismo de mis miedos, obligándome a afrontarlos y vencerlos. Te debo a ti todo lo que he logrado y mi felicidad. Nunca te olvidaré, me es imposible. Te llevo en mi corazón, en mis deseos, en mi amor. En mi nidito especial que me ayudaste a tejerlo, con los hilos de tu cariño, con tus caricias, con tu entrega sin limites. Gracias mil.

Me dijiste que hasta la hormigas pueden hacer lo que quieren si se esfuerzan. Soy una de esas hormigas, soy tu hormiguita que te quiere mucho y ha aprendido a amar contigo.

Ahora soy una doctora, una profesora en la universidad de Thibodaux. Muy orgullosa de haberlo conseguido con tu ayuda y con tus consejos.

Como te prometí, estoy ayudando a profesoras, que son como era yo cuando nos conocimos, para que sean libres, que escojan lo que realmente quieren ser y conseguir en la vida.

Me esfuerzo en convencerlas que si, pueden hacerlo. Que son hormigas y puedes hacer lo que ellas quieran. Me lo enseñaste y lo aprendí de ti. Repito de memoria tus palabras y tus consejos. Ellas me creen y se esfuerza como yo lo hice.

Estoy de concejera a seis candidatas a doctorado. Siguiendo el adagio, que tu repetías, susurrando a mis oídos, las palabras del redentor: "Por sus frutos los conoceréis."

Dios quiera que nuestros destinos se vuelvan a juntar en esta vida. Si no es así, nos volveremos a amar, es ese mundo espiritual del que tu me hablaste.
No te olvides que soy tu
Hormiguita Que te ama y te extraña.
=======
Mery leyó todas mis cartas y esta también. Sé que la quieres como a mi me quieres. Cuídala y no la lastimes, es mi mejor amiga y ella te quiere mucho.

Carta de Agustina

Yo, una joven perdida en el laberinto de mis deseos, deseando llegar a ser alguien, una mujer respetable, que todo el mundo me admire, que me respeten los demás.
Seguía la corriente, tratando de hacer, decir, querer, sólo aquello que era aceptable, aquello que definía como debía ser: "Una Buena Mujer". Llegar a ser un ejemplo a seguir. Ja. Ja. Ja.
¡Qué perdida estaba!
No sabía lo es respetarse a si misma. Vivir sin miedo la "Verdad". Ser sincera conmigo misma y con los demás.
Mostrarme tal y como soy, sin guardar las apariencias.
Un día el destino nos juntó.
Tu. Un hombre mayor. Yo una joven a la deriva.
Me enseñaste como ser libre.
Me miré al espejo que tu me regalaste. Me sigo mirando en él. En él vi a mi misma. Una mujer que no respetaba mis sentimientos, mis emociones, mis quereres. Por miedo y por vergüenza, no hacía lo que yo realmente quería hacer.
Quería Amar con desenfreno, ser libre, dar rienda suelta a lo que yo era, a lo que, en mis adentros, quería ser. No era feliz conmigo misma. Mi felicidad era ficticia, aparente.
Las horas más felices de mi vida, las viví contigo, en tus brazos. Me enseñaste a no tener miedo de amarme a mi misma y de amarte desinteresadamente, con un Amor Verdadero. Contigo aprendí a no ser egoísta, a no tener ni sentir celos, a compartir mi felicidad con esas bellas mujeres, nuestras amigas.
Pasó el tiempo. Tuvimos que separarnos.
Me dejaste tu amor y tu espíritu de libertad que vive, latente en mi. Que sueña contigo, recordando esos momentos de entrega total.

Antonio de Pórcel Flores Jaimes Freyre

Sé que me amas, que me sigues amando. Sabes que te amo y que te sigo amando.
Quizás en esta vida el destino nos vuelva a juntar.
Me quedo tranquila. Soy feliz.
Sé que seguiremos amándonos en el "Más Allá".
Dos espíritus en comunión, que volverán, a hacer el amor.
Soy "Tu Preciosa Muñequita",
Agustina.
Mi esposo sabe todo lo de nosotros, siempre lo supo. Me enseñaste a respetarlo y no tener miedo a la verdad.

Carta de Rebeca

Mi ToTTó
Te conocí ese día, cambiaste mi vida. ¡Que sabía yo de la vida!
Era una simple recepcionista, sin futuro. Una joven tímida, con miedo a hacer el ridículo. Tratando de hacer lo que creía era mi obligación. Hacía por obligación hasta lo que no quería hacer. Hacía lo que esperaban de mi, porque quería que me acepten.
Con tus chistes me hacías reír, delante de todos. Yo sin poder contenerme. Cosa que nunca me animaba a hacerlo, por miedo a ofender, por miedo al "¡Qué dirán!
Me pediste ser tu secretaria privada. La secretaria de un bohemio. Yo que nunca me imaginé que podría hacerlo.
Aprendí de ti, no solo eso. Aprendí de ti a vivir y a ser feliz. A ser libre, a ser yo misma. A respetarme a mi misma. A no engañarme a mi misma ni dejar que me engañen. A confiar en mi misma. Ha ser suficiente y a valerme por mi misma.
Pero eso no fue todo. Me enseñarse lo sublime que es hacer el amor cuando una está realmente enamorada. A entregarme sin miedo y sin límites al ser amado. Amarme a mi misma, por lo que soy y por lo que siento.
Te he amado, te sigo amando, te amaré siempre. Vives en mi, en mis pensamientos, en mis sueños de despierta, en mis más queridos recuerdos. En mis caprichos, mis risas, riéndome sola, recuerdo tus chistes y ocurrencias. Me acuerdo cuando hicimos el amor por primera vez, en el río, bañándonos desnudos, delante de todos. Sin necesidad de unir nuestro órganos sexuales, sentimos nuestro orgasmo amoroso, culmino sexualmente. Fue la primera vez que sentí un orgasmo. Fue un orgasmo de amor.

Me hiciste conocer y viajar por un mundo nuevo. Me acuerdo del emocional encuentro en Paris con tus amigas. Lloramos todas de emoción, sintiendo como ellas te aman. Ninguna de nosotras estaba celosa. Las cuatro estábamos felices. ¡Que días sublimes aquellos! Los he vuelto a vivir, en nuestro viaje de vuelta. Cuando paramos en Burgos a visitar a tus otras amigas, antes de llegar a Santiago. Otro encuentro emocional indescriptible. Esa noche dormimos los cuatro juntos, haciendo el amor, sin necesidad de tener sexo, como buenos amigos.
Al año siguiente volví a verlas. Ahora vivo con ellas. Somos tres amigas que compartimos tu recuerdo. Nos va bien en la pensión. No sé dónde estarás cuando leas esta carta, eso no importa, porque estás, vives en mi corazón y sé que me sigues amando.
Soy la secretaria personal de un bohemio amado.
Rebeca.

Carta de Rosi

A mi amado Totito Un amor que no puedo olvidar
Hace mucho tiempo nos conocimos en el comedor de la universidad. Yo era una joven alemana que apenas hablaba inglés. Perdida, sin esperanzas, sin idea de lo que estaba haciendo. Sola, sin conocer a nadie y sin dinero. Entonces me llevaste contigo a Riverside. Acepté tu invitación, no tenía otra salida. Tenía miedo. Entonces Bárbara me devolvió la confianza en mí misma.
¿Te acuerdas? En Riverside, leí el cartel de advertencia, tuve miedo de ver cuerpos desnudos y mucho más desnudarme. No quería entrar. Dijiste que era era opcional. Que podía bañarme con abrigo, sombrero y guantes, si eso quería ¡Qué tonta fui!
Extraño la cama en la que dormimos tantas veces, en tu furgoneta. Los hermosos días de nuestras Lunas de Miel, en la playa en el "Capitán". ¡Que recuerdos! Nunca podre olvidar del amor que nos nos diste a Donna y a mi, en la playa nudista de San Diego. Donna y yo pasamos unos días maravillosos visitando el Museo de Arte Moderno de Nueva York, viendo los cuadros de Picasso que tanto te gustaban. Las dos nos reímos cuando te vimos embobado, mirando el cuadro de: "La mujer en el espejo".

Antonio de Pórcel Flores Jaimes Freyre

Siempre recuerdo los consejos que me dio Donna, antes de viajar a Washington para ver a su abuelo, cuando nos despedimos de ella en la Estación Central. Sé que sigues con ella y la quieres tanto como a mí. Tiene mucha suerte de estar contigo.
Ojalá sigas viviendo tu vida tan especial como lo hicimos juntos. Se que quieres a mi querida amiga Donna, nuestra compañera. Dale muchos besos de mi parte.
Me sentí muy triste el día en que nos despedimos en el aeropuerto de Nueva York. Aquel día, te prometí que volvería lo antes posible. Siento no haber podido cumplir mi promesa. En aquel momento estaba como loca. Ahora sólo sueño despierta.
Me enseñaste a ser libre y a no tener miedo.
Desgraciadamente, no pude actuar en el teatro, era mi gran sueño. Lo que aprendí sobre la actuación en Riverside, aunque muy bueno, no funcionó para mí. Alemania no es California.
Hace tiempo recibí tus dos cartas amorosas, me alegré mucho. Sé que me sigues amando como yo te amo. Si bien nuestro encuentro fue algo maravilloso, también sé que no puede repetirse. Te sigo queriendo como cuando estuvimos juntos los tres.
Muchas veces empecé a escribirte y desistí, porque me sentía muy negativa y demasiado estresada, no quería que te preocuparas por mí, sabiendo que estaba así.
De regreso en Alemania sufrí un choque cultural, después de haber pasado unos días maravillosos con ustedes en California. Me pareció muy extraño el comportamiento de los alemanes...
No trates de responder a esta carta, es sólo un sueño. Guárdala, en tu corazón amoroso, en el rinconcito para mi amor.
Me casé, mi esposo es muy bueno conmigo. Él sabe lo nuestro. Me enseñaste a no tener miedo a la verdad. Somos muy felices. Tenemos dos hijas preciosas. La mayor es Antonia y la pequeña Rosarito, como tu me llamabas, cuando hacíamos el amor.
Como muchas veces me dijiste, sé que seguiremos amándonos, en aquel maravilloso mundo espiritual, del cual me hablabas, consolándome, cuando me sentía triste.
=======
Tu Rosarito, tu Alemanita
Como me llamabas cuando hacíamos el amor.
Mi marido ha leído esta carta.

Carta de María L

A mi primer Amor

Niño travieso que, impávidamente, mirabas mis piernas, cuando yo columpiaba. Me ayudabas a subir al resbalador, montada en tus hombros, temblando de miedo, agarrándome al poste, apretabas y acariciabas mis piernas con tus brazos. Creías que no me daba cuenta. Yo furiosa, tu tímido, pero atrevido. Cuando, tratando de subir al resbalador, rompí mi vestido, estaba llorando de miedo al castigo. Me ayudaste, pediste a Lucila que lo cosa. Me miraste de ocultas, cuando me quite el vestido.

Desapareciste de mi vida, no pudimos despedirnos. Me quedé muy triste. Pasaron los años, yo recordando nuestros juegos y travesuras, que siguen pululando en mi memoria, nunca se borraron, ni se borraran, son mis queridos recuerdos.

Fuiste Mi Primer Amor. Un amor platónico de muchacha adolescente, que todavía merodea en mi diario quehacer, recordando esos días felices.

¡Qué sabia yo entonces del amor! Era sólo un juego. Me gustaba verte sonrojar con mis atrevimientos, cuando te besé en la frente, fue mi primer beso juguetón. Cuando, antes de entrar a mi casa, coquetamente levantaba mi vestido, mostrándote mis piernas, Tu me mirabas embobado y salías corriendo, escapándote, tenías miedo a las mujeres.

Años después te encontré. Un joven alegre y simpático, en compañía Martina. la bella concertista brasilera. Nos hicimos amigas. ¿Qué hacer? Estábamos perdidamente enamoradas.

Recuerdo sonriendo, las noches amorosas que vivimos, cuando me enseñaste que es el amar verdadero.

Martina me dijo que ella estaba enamorada, quería hacer el amor contigo, pero tenía miedo. Estaba esperando que tu se lo pidas. Entonces le conté como eras tu, como hacíamos el amor. Le dije que tu no se lo ibas a pedir, que ella debía pedírtelo, porque eres así. No me sorprendí cuando me contó como fue la primera noche que pasó contigo.

Nunca olvidaré los carnavales que pasamos los tres en Rio, nuestras noches amor sublime que hasta ahora me persiguen y me alegran, cuando me pongo triste. Tu recuerdo nos hace sonreír. Te escribo con lágrimas de felicidad, para que sepas que te sigo amando, porque sé que tu también me sigues amando.

Antonio de Pórcel Flores Jaimes Freyre

No me casé, no volví a enamorarme. Ahora soy una tía solterona que ama a sus sobrinas, mis ahijadas, las bellas hijas de comadre Martina.
No creo que volveré a verte, extraño estar a tu lado. Sé que vives en California y que sigues igual. Tu nunca cambiarás. Gracias a Dios.
Soy tu Primer Amor
Como me llamabas cuando hacíamos el amor.
Tu María L

Carta de Rosa Mi Imillita

Mi Llocalla querido
Soy tu imillita. ¿Te acuerdas de mi?
Me dijiste que no soy una mujer libre, Ja. Ja. Ja. Tenías razón, pero no te creí. Entonces no era una mujer libre, solamente creía que lo era. Ja. Ja. Era libre contigo, pero ahora tu no estás para acariciarme, cuando dormíamos juntos. ¡Qué placer era aquello!
Ahora soy la mujer libre, la que tu engreías y que te sigue amando. Ja. Ja. Ja. Un amor que más parece un juego de dos enamorados sin remedio. Extraño nuestros amores, nuestros bailes, nuestras conversaciones, sobre todo, tu gracia y tu buen humor, tus juegos de palabras, tus besos y tus caricias. La noches apasionadas cuando nos perdíamos uno en otra, haciendo el amor sin límites. Me parece sueño, del cual no quiero despertar.
¿Cómo estás? ¿A quiénes estás amando ahora? Sé que eres incorregible, eso me gusta de ti. El eterno enamorado de las faldas...
Sigo siendo la sirvienta en la mansión de Leticia. Pero, ahora no tengo que vestirme de imilla. Me visto a la moda. Ja. Ja. Ja. Pero sigo siendo la indiecita que tu conociste, a la que enseñaste como se vive feliz, sin preocuparse del futuro.
El hermano de menor de tu primo, quiere casarse conmigo. No sé. Es un buen hombre, mucho mayor que yo, con muy buena situación. Lety me aconseja que me case con él. Creo que me casaré con él, porque quiero tener hijos. Quería tener un hijo tuyo, el destino no me regaló ese gran deseo.
Lety tiene todo lo que quiere, pero no es feliz. A menudo se acuerda de ti, sigue haciendo las mismas preguntas. Tu ya sabes como es ella. No se ha olvidado de la noche que pasó contigo.

Colección de Anécdotas Amoroso Sexuales Anécdotas: 46 -53

Algún día, espero esperanzada, que volvamos a encontramos. Sé que no será igual, nada que me pase será igual. Eso ya no me importa. Sabes que no te olvidaré, porque te sigo amando.
Rosa, tu Imillita.

Carta de Lurdes

Antonio mi amor
Con una mezcla de alegría y pena, feliz de amarte, te llevaste mi amor y mis caricias a Bolivia. La noche de nuestra despedida sigue latente en mi corazón, que te extraña, mucho. Hicimos el amor tantas veces que quedamos rendidos. Los recuerdo, no los puedo olvidar. Lloré después de nuestra despedida, fue corporal y espiritual, todo a la vez. Sentir que tu eres feliz conmigo.
No quise despertarte, bese tus labios suavemente y salí de puntitas, mis ojos húmedos. Mis lagrimas, rodando por mis mejillas, rojas de rubor, me hicieron recuerdo de la primera vez que lloré contigo. Besaste mis ojos cariñosamente, secando mis lagrimas y sonriendo me dijiste que son saladitas, como es nuestro amor.
Nunca podré olvidar nuestro primer encuentro. Todavía queda en mis labios el dulce sabor de las sandías que me regalaste. Tu cariño tatuado en mi. ¡Como me engreíste!
¡Qué tonta era! Me enamoré de ti la primera vez que te vi. Tu no lo sabías.
Tu hermana se dio cuenta y me dijo que tenga cuidado contigo. Tenía miedo hasta de mirarte, pensando que tu no estarías interesado en una pobre salvadoreña, trabajando de sirvienta.
Desde que te conocí, todo lo que he podido hacer, el no importarme del que dirán, poder conquistar mis metas, no dejarme vencer por temor a fracasar, todo eso lo debo a ti, a tu amor. Me haz enseñado a no tener miedo a la vida, aprendí a amar como te amo.
Dios quiera que volvamos a vivir esos momentos de éxtasis indescriptible. Ojala que nuestros destinos se vuelvan a cruzar. Mi esperanza es que estemos juntos en el otro mundo, ese espiritual, del que tu siempre me hablabas. Pero es sólo es una ilusión, una esperanza.
Me enseñaste que el Amor nace de la semilla de "amistad"; crece como una linda plantita, dejando sus raíces incrustadas en el corazón y sus frutos en la mente.

Antonio de Pórcel Flores Jaimes Freyre

La guardo, en mi corazón y en mi mente. Siento que, cuando te pienso, sigue creciendo, floreció a su tiempo y nunca se marchitará. Ojala un día de estos, vuelvas a mi. Sé que no será igual a lo que vivimos. Ese amor sólo se vive una vez. Cuando estoy triste, sueño despierta. Los recuerdos de nuestras noches de amor me devuelven la alegría.

Cuando leas esta carta, sentirás que te sigo amando, como yo siento que tu me sigues amando. Continuaremos nuestro amor sagrado y divino, en ese mundo espiritual, del que tu siempre me hablabas.

Soy tu Lurdes, tu "Hermosa Florecilla.
Como tu me llamabas cuando hacíamos el amor.

Carta de Sor Ana

Fui a la enfermería. Ahí encontré una nota que me había dejado a la Hermana. La nota decía:
========

"Don Antonio:

Me hubiera gustado mucho despedirme personalmente de usted. Infelizmente, no pude hacerlo, porque me mandaron, al acropuerto con una carta del Padre Superior, acerca del peligro de las vacunas. Lo siento de verás.

Quizás nos volvamos a ver, eso me gustaría. Cuando acabe el concilio, volveré al hospital en Chile.

Deseo que se encuentre completamente restablecido y que le vaya bien en Madrid. Dios lo bendiga.

Sé que lo extrañaré.
Dios lo bendiga.

Sor Ana
========

Carta de Lurdes

Cuando leas esta carta,
sentirás

que te sigo amando,
como yo siento
que tu me sigues amando.

Continuaremos nuestro amor
sagrado y divino,

en ese mundo espiritual,
del que tu
siempre me hablabas.

Antonio de Pórcel Flores Jaimes Freyre

Me escribieron otras cartas...

Lastimosamente

no las pude encontrar...

Acerca del Autor

Licenciado en filosofía y literatura, en la Universidad Mayor de San Andrés, La Paz, Bolivia. Doctorado en Psicología en la universidad de Madrid. Tiene una maestría en Antropología y estudios de doctorado en Psicología y Educación, en la Universidad de Stanford, California. Recibió la beca especial, de '**Senior** *Fulbright* **U.S**. '*Scholar Program*', otorgada por el Congreso Americano, enviado como profesor académico titular, ('Senior Profesor'), para enseñar psicología de la educación, a un grupo de maestros, seleccionados como los los mejores maestros de las escuelas de España.

Antonio de Porcel Flores Jaimes Freyre, "ToTTó "El Bohemio Boliviano", actualmente enseña su Taller de Poética, su Taller de Teatro y su Taller de Publicación de libros. Ayuda gratuitamente, a varias escritoras a publicar sus libros en Amazon. A la fecha tiene más de 50 libros publicados en Amazon.

Compone canciones y ballets; crea diseños gráficos y las portadas de sus libros. Filma videos musicales; escribe: poemas, monólogos, obras de teatro, comentarios y ensayos en forma de "Diálogos de Antonio y ToTTó".

Algunos de sus escritos están publicados en su página de Facebook y en su bitácora (blog), titulada: "De la Mente del Poeta, al Corazón del Artista". Varias de sus videos musicales están publicadas en You Tube y algunas de sus canciones en su página de MySpace.

Nacido en el 1936, en La Paz Bolivia, desde 1968 radica en California. Tiene: un hijo, una hija, dos nietas, dos nietos, tres bisnietas y tres bisnietos.

Es un 'Bohemio" de convicción personal dedicado al arte de la escritura, a la formación de poetisas y poetas que deseen aprender y poner en práctica su Teoría Poética.

Escritoras y escritores interesados en participar en sus varios talleres, deben comunicarse con el autor.

Dirección postal correo corriente:
353 W Nees Ave, Suite Número 152
Fresno, California, 93711, USA.
Dirección virtual: Email:
antotomus@gmail.com

Antonio de Pórcel Flores Jaimes Freyre

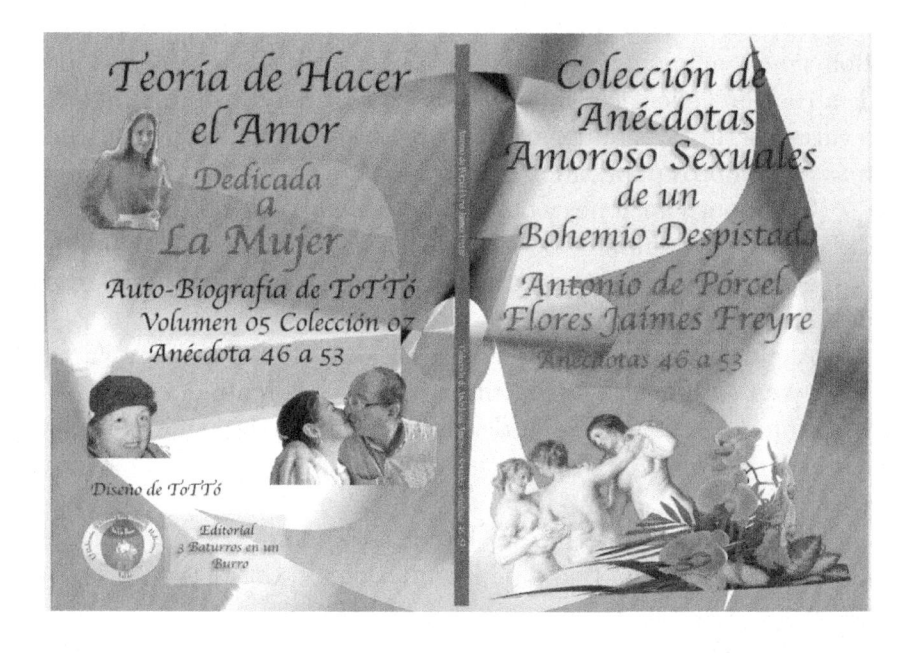

Libros de ToTTó Publicados en Amazon

Teoría Poética de ToTTó:
001 "Volumen I: Poética del Período Prosódico" (Foto de portadas)
Dramas
002 "El Lorito: La Leyenda del Che" (Foto de portadas)
003 "ZileFyos y OdeiMnis: El Pode del Miedo" (Foto de portadas)
004 "El Paraíso de la Droga" *(Foto de portadas)*
Comedias
005 "Sabe Cómo Llegar a la Luna" (Foto de portadas)
006 "El Vuelo" (Foto de portadas)
007 "La Gallinita Linai y la Comadreja Dreja" (Foto de portadas)
008 "El Pescador y la Sirena Mágica" (Foto de portadas)
009 "La Primera Cita" (Foto de portadas)
010 "La Muñequita Pizpireta" (Foto de portadas)
Poemas y Sonetos Inspirados en poesías
011 "Autores Hispanos -Volumen I" (Foto de portadas)
012 "De Varios Autores - Volumen II" (Foto de portadas)
Poemas de ToTTó
013 "Poemas de un Bohemio Boliviano" *(portadas)*
014 "Poemas Bohemios a la Deriva" *(portadas)*
015 "Poemas Bohemios Existenciales" *(portadas)*
016 "Poemas Bohemios para mis Amigas" *(portadas)*
017 "Bohemia Poética: Poemas Años 2001-2002" *(portadas)*
018 "Bohemia Poética: Poemas Años 2003-2004" *portadas)*
Ballets Libretos y Música
019 "Poema andino - Tres Ballets de ToTTó" *(portadas)*
Obras de Teatro Musicales
020 "La Pastorela" *(portadas)*
Diálogos de ToTTó y Antonio
021 "Diálogos de un Bohemio" *(portadas)*
Cuentos para Niños
022 "El Río, el Picaflor y el Cuervo" *(portadas)*
023 "Eusebia La Arañita Tejedora" *(portadas)*
024 "La Navidad en las Pampas Argentinas" *(portadas)*
025 "El Mate Pastor - El Abogado y la Imilla" *(portadas)*
026 "Cuentos Bohemios para Niñas y Niños" *(portadas)*

Antonio de Pórcel Flores Jaimes Freyre

Auto Biografías
027 "Auto Biografía Bohemio Volumen 01" *(portadas)*
028 "Auto Biografía Bohemio Volumen 02" *(portadas)*
029 "Auto Biografía Bohemio Volumen 03" *(portadas)*
030 "Auto Biografía Bohemio Volumen 04" *(portadas)*
031 "Auto Biografía Bohemio Volumen 05" *(portadas)*
032 "Auto Biografía Bohemio Volumen 06" *(portadas)*
033 "Auto Biografía Bohemio Volumen 07" *(portadas)*
034 "Auto Biografía Bohemio Volumen 08" *(portadas)*
035 "Auto Biografía Bohemio Volumen 09" *(portadas)*
036 "Auto Biografía Bohemio Compendio Tomo 1" *(portadas)*
037 "Auto Biografía Bohemio Compendio Tomo 2" *(portadas)*
038 "Teoría del Orgasmo Amoroso-Sexual" *(portadas)*
Libros de Diseños Gráficos
039 "Kronos y el Tiempo en la Cuarta Dimensión" **(portadas)**
040 "Diseños de Portadas Libros de ToTTó" **(portadas)**
041 "Kronos y el Tiempo en la Cuarta Dimensión" **(portadas)**
Monólogos
042 "Tres Monólogos Bohemios" **(portadas)**
Compendios de Anécdotas de la Auto-Biografía de un Bohemio.
043.- "Anécdota de ToTTó: Tomo 01- Auto Biografía de ToTTó
044.- "Anécdota de ToTTó: Tomo 02- Auto Biografía de ToTTó
045.- "Anécdota de ToTTó: Tomo 03- Auto Biografía de ToTTó
046.- "Anécdota de ToTTó: Tomo 04- Auto Biografía de ToTTó
Clases de Orgasmos -Auto-Biografía de un Bohemio.
047.- "Orgasmo Amoroso-Sexual y Orgasmo Puramente Sexual
Bohemia Poética: Poemas de ToTTó por Años
048.-"Bohemia Poética: Poemas 2001-2002 Volumen 01
049.-"Bohemia Poética: Poemas 2003-2004 Volumen 02
050.-"Bohemia Poética: Poemas 2005-2006 Volumen 03
051.-"Bohemia Poética: Poemas 2007-2008 Volumen 04

Colección de Anécdotas Amoroso Sexuales Anécdotas: 46 -53

Made in the USA
Columbia, SC
27 July 2024